CHARLES A. EASTMAN

Ohijesa

JUGENDERINNERUNGEN EINES SIOUX-INDIANERS

Deutsch von Elisabeth Friederichs
Buchschmuck und Anmerkungen
von Frederick Weygold
Neu herausgegeben und mit
einem Nachwort von
Dietrich Leube

INSEL

Dieser Ausgabe liegt die Übersetzung zu Grunde,
die 1913, in 4. Auflage, bei der Agentur des Rauhen Hauses,
Hamburg, erschien.

Zur Ausstattung des Buches: Der Buchschmuck, die Illustrationen und die Anmerkungen dieser Ausgabe stammen von Frederick Weygold, einem amerikanischen Ethnographen und Indianer-Maler, der um die Jahrhundertwende auch in Europa als Fachmann bekannt war. Die Details seiner Zeichnungen und Randleisten gehen auf eine langjährige Beobachtung der Lebensgewohnheiten und Erscheinungsformen westlicher Dakota-Stämme zurück, die sich von denen der Wald-Dakota Ohijesas, die aus ihren Jagdgründen vier Jahrzehnte zuvor vertrieben worden waren und keine Ethnie mehr bildeten, nur wenig unterschieden.

insel taschenbuch 519
Erste Auflage 1981

Vertrieb durch den Suhrkamp Taschenbuch Verlag
Umschlag nach Entwürfen von Willy Fleckhaus
Satz: Weihrauch, Würzburg
Druck: Ebner Ulm
Printed in Germany

Ohijesa

Dem nordamerikanischen Indianer gebührte ohne Zweifel unter allen heidnischen und unzivilisierten Volksstämmen die höchste Stelle. Er zeichnete sich nicht nur durch einen vorzüglich ausgebildeten und widerstandsfähigen Körper, sondern auch durch bedeutende geistige Fähigkeiten aus. Aber freie, natürliche Wesen gibt es heute nicht mehr! Die auf den Regierungsreservationen* wohnenden Indianer sind nur ein schwaches Abbild früherer Geschlechter.

Die folgenden Aufzeichnungen schildern die Erlebnisse und Eindrücke meiner Knabenzeit bis zu meinem fünfzehnten Lebensjahr. Ich habe diese bruchstückhaften Erinnerungen in erster Linie für meinen kleinen Sohn niedergeschrieben, um ihm ein Bild meiner schicksalsschweren und ereignisreichen Jugend zu geben, ist er selbst doch zu spät geboren, um die Eindrücke des wilden Lebens in sich aufnehmen zu können.

Ihm, Ohijesa dem Zweiten, widme ich in inniger Zuneigung und Liebe dieses Buch.

New York, 1902 Dr. Charles A. Eastman
(Ohijesa)

** Den Indianern von der Regierung der Vereinigten Staaten zugewiesene Schutzgebiete; welche ursprünglich von Weißen weder besiedelt noch betreten werden durften. Verwaltet werden diese Reservationen durch Agenten des B.I.A. (Bureau of Indian Affairs) in Washington, denen aus Indianern zusammengesetze Polizeitruppen unterstehen.*

Hakadas erstes Opfer

FRÜHESTE ERINNERUNGEN

Hakada, »der beklagenswerte Letzte«

Welcher Junge wollte nicht eine Weile ein Indianer sein, wenn er an das freieste Leben auf der Welt denkt? – Ich habe dieses Leben genossen; jeden Tag auf Jagd: wirkliche Jagd mit wirklicher Beute! Oft führten wir einen Medizintanz auf, weit weg in den Wäldern, ungestört und unbeobachtet von aller Welt, wo wir unsere älteren Verwandten: Tapferen Büffelstier, Stehenden Wapiti, Hochfliegenden Falken, Mythischen Bär[1] und all die anderen darstellten. Wir bemalten uns nach Väter und Urväter Art und ahmten sie bis in die kleinsten Kleinigkeiten getreulich nach, hatten wir die Vorbilder dazu doch täglich vor Augen.

Wir Knaben waren nicht nur gute Schauspieler, sondern auch sorgfältige Beobachter der Natur und studierten Gewohnheiten und Lebensweise der Tiere genauso eifrig, wie ihr euch in eure Bücher vertieft. Die Männer unseres Volkes waren unser Vorbild, wir ahmten sie in unseren Spielen nach, und es war unser Streben, ihnen auch im Leben gleichzukommen.

Niemand weiß seine fünf Sinne besser zu gebrauchen als die Kinder der Wildnis. Wir konnten ebensogut riechen, schmecken und fühlen als hören und sehen und übten das Gedächtnis in erstaunlicher Weise. Noch heute blicke ich mit lebhaftem Dankgefühl auf meine früheste Erziehung zurück.

Eine alte Sioux-Sitte[2] fordert bei der Geburt eines Knaben – eines Kriegers, der zur Welt kommt – eine kühne Tat von den Geschwistern des Neugeborenen. Seine Brüder mußten sich kopfüber ins Wasser stürzen und gar zur Winterszeit nackend im Schnee rollen; waren sie noch nicht groß genug, eins oder das andere selbst zu tun, so übergoß man sie mit Wasser. Eine Schwester pflegte man einfach unterzutauchen. Auch meine Brüder haben mir später oft lachend erzählt, wie sie meinen Eintritt in die Welt gefeiert haben.

Ich war der unglückliche Jüngste von fünf Kindern, die bald nach meiner Geburt mutterlos wurden. So mußte ich den demütigenden Namen Hakada[3], das bedeutet: »der beklagenswerte Letzte«, so lange tragen, bis ich mir einen würdigeren und passenderen verdienen konnte. Andere Kinder betrachteten mich zu meinem größten Kummer meist nur als Spielzeug.

Meine Mutter war bei den Clans vom Heiligen See und den Laubhüttenbewohnern als Schönheit bekannt. Als sie bei meiner Geburt gefährlich krank daniederlag, sagte einer der sie behandelnden Medizinmänner[4]: Ein neuer Medizinmann ist geboren, aber die Mutter muß sterben; laßt ihn den Namen »Magischer Talisman« tragen! Hastig unterbrach ihn jedoch einer der Anwesenden mit der Bemerkung, daß ein Onkel des Kindes bereits diesen Namen trage. So ward ich nur Hakada benannt.

Meine schöne Mutter – sie wurde manchmal die Halbgöttin der Sioux genannt – hatte, wie die Überlieferung erzählt, die körperlichen Merkmale kaukasischer Abstammung, mit Ausnahme ihres üppigen, schwarzen Haares und der tiefschwarzen Augen. Sie drückte mich sterbend an ihre Brust und flüsterte ihrer Schwiegermutter dabei zu: »Dir gebe ich mein Kind zu eigen. Meiner Mutter kann ich es nicht anvertrauen, sie würde es vernachlässigen und bald sterben lassen.«

Die Frau, an die diese Worte gerichtet waren, war von kleiner Gestalt, sehr tätig für ihr Alter, denn damals zählte sie bereits sechzig Jahre, und besaß ebensoviel Güte als Verstand. Meiner Mutter Urteil über ihre eigene Mutter war sehr wohl begründet, denn bald nach ihrem Tode erschien die alte Frau und erklärte, Hakada sei zu jung, um ohne Mutter leben zu können. Sie bot sich an, mich bis zu meinem Tode zu warten, und wollte mich dann in meiner Mutter Grab legen. Natürlich war meine andere Großmutter über dies Anerbieten sehr erbost und weigerte sich, mich herauszugeben.

Jedes Indianerkind wurde, der Sitte entsprechend, in eine bewegliche Wiege gepackt. An einem dreiviertel Meter langen und etwa eindrittel Meter breiten Brett war mit Messing-Nägeln der reich verzierte, vorn offene Sack befestigt, der mit hirschledernen Schnüren geschlossen werden konnte. Über den Armen des Kindleins war ein hölzerner Bügel derart befestigt, daß das Kleine beim Fallen der Wiege unverletzt blieb. An diesem Bügel wurde zuweilen allerlei wunderliches Spielwerk aufgehängt – auf eine Schnur gereihte Stückchen kunstvoll geschnittener Knochen, Hirschhufe, die bei der geringsten Bewegung rasselten.

In solch einer aufrecht stehenden Wiege lebte, schlief und spielte ich während meiner ersten Lebensmonate. In meinem Holzbettchen wurde ich an einem Zeltpfahl festgebunden oder an einem Baumast aufgehängt, während meine Großmutter Holz schlug; ich wurde darin von ihr auf dem Rücken getragen oder hing auch sehr behaglich mit einem anderen Kinde in einer ähnlichen Wiege, das Gleichgewicht haltend, an dem Sattel eines Ponys.

Meine Großmutter war den jungen Mädchen unseres Stammes ein Wunder. Sie schien jetzt ebenso glückselig über Hakada wie seinerzeit über ihren Erstgeborenen, seinen Vater. Wie pflegte und wartete sie mich! Mit welcher Geschicklichkeit und Aufopferung sorgte sie für alle meine Bedürfnisse. Meine einfachen Kleider und zierlichen Mokassins[4a] fertigte sie stets selbst an und verzierte sie auf das geschmackvollste. Man war sich völlig darüber einig, daß meine eigene Mutter nicht sorgfältiger und besser hätte für mich sorgen können.

Untschida (Großmütterchen) war eine gute Sängerin. Erwachte Hakada zu früh am Morgen, so versuchte sie, ihn durch ein Schlummerliedchen wie dieses wieder einzuschläfern.

Schlaf ein, mein liebes Herzenskind,
Die Chippewas[5] noch ferne sind.
Schlaf ein, schlaf ein.
Stell deinen Mann bei Tageslicht,
Im Dunkeln wagt's der Feigling nicht,
Er wartet bis zum Morgenschein,
Bricht dann in Feindes Lager ein.
In dunkler Nacht schlaf wohl, mein Kind,
Der junge Tag weckt dich geschwind.
Schlaf ein, schlaf ein.

Die Dakotafrauen waren gewohnt, ihr Brennholz in den Wäldern selbst zu schlagen und heimzubringen; außerdem mußten sie den größten Teil der schweren Feldarbeit verrichten. Das war Frauenarbeit. Die Männer waren tagsüber auf der Jagd und mußten den Bedarf an Fleisch für die Familie herbeischaffen. Meine Großmutter nahm mich sehr oft mit, wenn sie Holz schlagen ging, und hängte meine Wiege während der Arbeit an einen wilden Weinstock oder Baumast, damit der leiseste Luftzug mich hin und herschaukle.

Später erzählte sie mir, daß ich bei solchen Gelegenheiten oft allerlei Unterhaltungen in unbekannter Sprache mit Vögeln und Eichhörnchen geführt hätte. Einmal schlief ich in meiner Wiege, die etwa ein bis zwei Meter über der Erde schwebte, ein, während Untschida Birkenrinde für ein Kanu sammelte. Ein Eichkätzchen vergnügte sich damit, auf den Bügel meiner Wiege zu klettern, eine Walnuß zu knabbern, mir die Reste seiner Mahlzeit ins Gesicht fallen zu lassen und mich damit aufzuwecken. Ich schrie so jämmerlich, daß es schnell auf einen anderen Zweig floh; von dort aus schalt es mich heftig, worauf ich mit weiterem Geschrei antwortete. Endlich eilte Untschida mir zu Hilfe und jagte den frechen Eindringling fort. Und wie oft ließen sich auch Vöglein vertraulich auf meiner Wiege nieder!

Meine Ernährung war zuerst ein beunruhigendes Problem für meine gute Pflegemutter. Sie kochte etwas wilden Reis, zermahlte und mischte ihn mit Wildbretbrühe oder zerstampfte getrocknetes Wildbret zu einer Art Mehl, goß Wasser darüber und mischte die Brühe dann mit zerstampftem, zuvor gebräuntem Mais. Diese Suppe von wildem Reis, zerriebenem Wildbret und Mais bildete meine Hauptnahrung. Aber bald kamen meine Zähne durch, viel früher, als das bei weißen Kindern geschieht; da sorgte meine aufmerksame Wärterin für etwas mehr Abwechslung in den Speisen, und ich besorgte das Zerkleinern selbst.

Als ich meine Wiege zum ersten Male verließ, konnte ich auch fast sofort laufen, wir mir meine Großmutter später erzählte. Sie begann von da an meine Aufmerksamkeit auf die Natur zu lenken. Hörte ich einen Vogel singen, so nannte sie mir seinen Namen.

»Hakada, horch auf Scheschoka, die Wanderdrossel. Sie lockt ihren Gefährten, denn sie hat gerade etwas Gutes zu essen gefunden.« Oder: »Horch auf Upihanska, das Walddrosselmännchen; es singt sein allerschönstes Lied für seine kleine Frau.« Ließ des Abends der virginische Ziegenmelker eifrig seinen Sang im Walde ertönen, etwa in Steinwurfweite von unserem Zelt, sagte sie wohl: »Still, es könnte ein Ojibayspion sein!« Erwachte ich nachts, meinte sie: »Schrei nicht! Hinakaga, die Eule, beobachtet dich vom Baum herab.« Ich versteckte dann regelmäßig meinen Kopf, glaubte ich doch meiner Großmutter unbedingt, und von diesem Vogel hatte sie mir eine schreckliche Vorstellung beigebracht. »Einst stand ein kleiner Knabe außerhalb des Zeltes und schrie erbärmlich nach seiner Mutter. Da stürzte sich Hinakaga auf ihn, packte ihn und nahm ihn mit sich in einen Baum hinauf.« Es war allgemein bekannt, daß indianische Späher den Schrei der Eule nachahmten, wenn sie auf Kriegszug waren. Unmittelbar nach diesem Schrei hatten oft entsetzliche Metzeleien stattgefunden, und es war daher sehr weise, Kindern den Schrei so früh wie möglich einzuprägen.

Indianerkinder wurden so erzogen, daß sie nachts kaum schrien. Das war eine große Notwendigkeit in ihrem so vielen Gefahren ausgesetzten Leben. Als kleines Kind pflegte ich mit den Vögeln einzuschlafen und mit ihnen wieder aufzuwachen; bald wurde mir das zur Lebensgewohnheit. Aus bestimmten Gründen wurde ich hierzu angehalten, denn ein Indianer muß stets früh aufstehen. Als Jäger trifft er am besten bei Tagesgrauen auf Beute. Auf Kriegszügen befindliche Sippen machen ihre Angriffe meist in früher Morgenstunde, und außerdem bricht man auf großen Wanderungen stets vor Tagesanbruch auf, um in der Kühle und unbemerkt von Feinden seines Weges ziehen zu können.

Verschwiegenheit und Ruhe wurde schon den kleinsten Kindern anerzogen. Es war dies ein hervortretender Zug in der Bildung und Erziehung des indianischen Charakters; man glaubte damit den besten Grund zur Selbstbeherrschung und Geduld zu legen, und für Jäger und Krieger waren diese Eigenschaften durchaus notwendig. Wohl gibt es Zeiten, in denen unser Volk sich ungestümer Lust und Ausgelassenheit hingibt, in der Regel aber herrschen Ernst und Anstand vor.

Wie interessant und voll lebendiger Eindrücke war meine erste Kindheit! Schon früh regte sich in mir der Wagemut und Tatendurst, und den Wert der Adlerfeder, die den Krieger schmückt, ahnte ich schon als ganz kleines Kind. Als ich eines Tages, kaum zwei Jahre alt, einmal allein war, nahm ich meines Onkels Adlerfederhaube, riß alle Federn heraus und schmückte mich und meinen Hund damit. So früh schon hatte das um mich herum pulsierende Leben Eindruck auf mich gemacht, und ich wünschte nichts sehnlicher, als allen seinen Forderungen gerecht zu werden.

Entbehrungen und Beschwerden meiner Kindheit

Meine frühesten, abenteuerreichen Kindheitserinnerungen knüpfen sich an einen Ritt, den ich, am Sattel eines Ponys hängend, machte. Man hatte ein kleines Mädchen, meine Cousine, in eine Tasche gesteckt und am Kopf eines Sattels angehängt. Was half's, um das Gleichgewicht herzustellen, wurde ich in einen anderen Sack gesteckt und mußte so Kind und Sattel in der richtigen Lage halten. Ich widersetzte mich durchaus nicht, denn ich spielte ein lustiges Guckguckspiel mit dem kleinen Mädchen, bis wir an eine tiefe Schneewehe kamen, in der das arme Tier festsaß und niederfiel. Da hörte das Vergnügen auf. Auf diese Weise wurden Kinder praktisch und einfach auf Winterreisen befördert. So kalt auch das Wetter sein mochte: im pelzgefütterten Sack war man für gewöhnlich sehr gut aufgehoben – wenigstens dachte ich das. Ich glaube, ich war an alle die gefährlichen, indianischen Beförderungsmittel gewöhnt, und als Knabe genoß ich solch eine Hundetravoi-Reise so sehr wie nur irgendeiner. Das Travoi[6] bestand aus zwei langen Stangen, die an den unteren, dickeren Enden zusammengebunden und auf den Rücken eines Pferdes oder Hundes gelegt wurden. Die oberen dünneren Enden schleiften hinten auf dem Boden nach, zu beiden Seiten des Tieres. Knapp hinter dem Pferde, zwischen diesen Stangen, wurde ein flacher, länglicher, aus hölzernem Rahmen und einem Geflecht aus Rohleder gefertigter Korb befestigt. In diesem wurde das schwerste Gepäck untergebracht, die Zeltdecke, Kinder oder alte Leute, die zu schwach waren, um der wandernden Karawane zu Fuß oder Pferde zu folgen.

Diese Art des Reisens war für Kinder nur im Sommer möglich, da die Hunde oft recht unzuverlässig waren und die Kleinen häufig in Gefahr brachten. Nach einem heißen und langen Marsch konnte der Anblick von Wasser sie ihre Pflicht vollständig vergessen lassen. Trotz des Geschreies und Scheltens der Frauen schwammen stets einige mit ihren Lasten in den kalten Strom, und ich nahm auf diese Weise bei mehr als einer Gelegenheit ein unfreiwilliges Bad.

Als im Jahre 1862 in Minnesota der furchtbare Indianeraufstand[7] gegen die amerikanische Regierung ausbrach, war ich etwa vier Jahre alt. In dem allgemeinen Wirrwarr flüchteten wir nach Britisch-Columbia; diese Reise ist bei unserer ganzen Familie noch in lebhaftester Erinnerung. Ein Joch Ochsen und ein offener Wagen wurden einem weißen Farmer abgenommen und zu unserer Beförderung heimgebracht. Wie entzückt war ich, als ich hörte, wir sollten hinter den so verständig ausschauenden Tieren in dem prunkvoll bemalten Wagen reisen! Dies neue, vierbeinige Fuhrwerk erschien mir wie ein lebendiges Wesen, um so mehr, als keine Achsenschmiere vorhanden war und die Räder wie Schweine quietschten.

Meine Brüder vergnügten sich königlich damit, während der Fahrt vom Wagen abzuspringen, und die Älteren bekamen darin bald große Gewandtheit. Endlich hatte auch ich genug Mut gefaßt, um an diesem Sport teilzunehmen. Daß sie während des Springens das Rad festhielten, schien mir ganz selbstverständlich, und so setzte ich ruhig meinen Fuß darauf. Aber ach! ehe ich mir klarmachen konnte, was vorging, lag ich unter den Rädern. Wäre nicht gerade unser Nachbar dicht hinter uns gewesen, ich wäre unfehlbar vom nächsten Gespann überfahren worden.

Das war meine erste Erfahrung mit einem Kulturfuhrwerk! Ich verwünschte des weißen Mannes Gespann auf das heftigste und folgerte daraus, daß für mich ein Hundetravoi besser sei. Daß wir von den Leuten, die solch gefährliche Wagen bauten, immer weiter fortwanderten, schaffte mir große Erleichterung, denn, daß ich allein an meinem Unfall schuld sei, wollte mir durchaus nicht in den Sinn. Man konnte mich nicht zur Weiterreise im Wagen bringen, und ich war froh, als wir ihn endlich am Missouriufer stehenließen.

Im Sommer nach dem Minnesota-Aufstand verfolgte General Sibley unsere Leute bis an das jenseitige Stromufer. Der Missouri ist als einer der tückischsten Flüsse der ganzen Welt bekannt. Selbst ein gutes, modernes Boot ist auf seiner unzuverlässigen Strömung nicht sicher. Wir mußten ihn in Büffelhautbooten, die so rund wie Kübel waren, überschreiten.

Die Uatschitschun[8], die weißen Männer, kamen in großer Anzahl mit ihren Gewehren, und während unsere Krieger ihnen kämpfend entgegentraten, richteten Greise und Frauen die Boote, deren Gerüst aus Weidenruten bestand. Männer oder Frauen bugsierten sie schwimmend ans andere Ufer, auch Ponys wurden zu diesem Dienst verwendet. Es war keine Kleinigkeit, dieselben, mit der hilflosen Last kleiner Kinder oder mit Hab und Gut beladen, vor dem Umschlagen zu bewahren.

Bei unserer Flucht wurden wir kleinen Wesen an den Sätteln festgeschnallt oder von einer älteren Person vorn auf das Pferd genommen. Wir litten auf den langen Nachtmärschen, die man unternehmen mußte, um den Soldaten zu entkommen, stark an mangelndem Schlaf und ungenügender Nahrung. Unsere Mahlzeiten mußten hastig, teilweise im Sattel, eingenommen werden. Wasser war nicht immer aufzufinden. Man beförderte es in Kaldaunenbeuteln oder getrockneten Tiereingeweiden. Wir mußten das Land eines feindlichen Stammes durchqueren und wurden auf dieser Wanderung Tag und Nacht hart bedrängt; nur die äußerste Wachsamkeit konnte uns sichern.

Eines Tages stießen wir, nahe der kanadischen Grenze, auf einen anderen Feind: ein Präriefeuer[9]! Wir waren umzingelt. Schnell wurde ein Gegenfeuer angezündet, und unser Leben war gerettet.

Aber eine der schlimmsten Erfahrungen dieses Winters war ein Schneesturm, der uns während unserer Wanderung überfiel. Hier und dort ließ sich eine Familie einschneien. Einen Tag und eine Nacht lagen wir völlig unter dem Schnee. Der Onkel, der Wache hielt, steckte einen langen Stab neben uns, um mit uns in Verbindung bleiben und uns Zeichen geben zu können, wenn der Sturm ausgetobt hätte. Wir hatten viele Büffeldecken, und der Schnee hielt uns warm, allerdings war er etwas schwer. Nach einer Weile entstanden größere Hohlräume um unsere Leiber, und wir fühlten uns so behaglich, wie das unter solchen Umständen nur irgend möglich ist.

Am folgenden Tage hörte der Sturm auf, und wir entdeckten eine große Büffelherde beinahe über uns. Schnell schaufelten wir uns einen Weg aus, schossen einige Büffel und erquickten uns an einem guten Mittagessen.

War ich nun auch mutter- und heimatlos, unglücklich fühlte ich mich trotzdem nicht. Unser Wandern von Ort zu Ort gewährte uns manche Freude, setzte uns aber auch vielen Mühseligkeiten und Unglücksfällen aus. Es gab Zeiten des Überflusses und solche allergrößten Mangels; manchmal entrannen wir nur mit knappster Not dem Tode. Das Leben der Wilden ist im Vorfrühling am schwersten; fast jede Hungersnot fällt in diese Jahreszeit.

Die Indianer sind ein geduldiges und eng zusammenhaltendes Volk. Ihre Liebe zueinander ist stärker als bei irgendeinem mir bekannten Naturvolke. Wäre dem nicht so, ich glaube, sie wären in Zeiten der Not zu Kannibalen geworden. Weiße haben zuweilen in großer Notlage ihre Gefährten getötet und verzehrt. Indianern wäre dies ganz unmöglich. Wenn Hungersnot herrschte, zwangen sich die Erwachsenen oft zur äußersten Entsagung, um für die Kinder die Vorräte an Lebensmitteln so lange als möglich zu erhalten. Indianer halten bedeutend länger als andere Völker ohne Nahrung aus.

Ich machte solch schweren Frühling einmal mit durch. Wir hatten oft tagelang nichts zu essen, und ich entsinne mich sehr wohl der sechs kleinen Vögel, die zum Morgenimbiß für sechs Familien reichen mußten, dem aber weder Mittag- noch Abendbrot folgte. Wie sauer wurde mir das, bekam ich doch nur einen kleinen Flügel! Bald darauf stießen wir auf eine Büffelherde, und Hunger und Not waren vergessen.

So war das wilde Leben der Indianer! Gab es Wild und schien die Sonne, so waren Not und Sorge des vorangegangen Winters schnell vergessen. Vorsorge für die Zukunft traf kaum einer. Der Indianer ist ein Kind der Natur, die ihn gelegentlich für seine Sorglosigkeit hart straft. Trotzdem bleibt er vergeßlich und gedankenlos. Wie viele seiner Leiden könnte er durch Vorsorge und Nachdenken mildern!

Im Reichtum des Sommers ist kein Leben glücklicher als das seine! Nahrung frei – Wohnung frei – alles frei! Alle gleich reich im Sommer – alle gleich arm im Winter! Die Gesundheit war im allgemeinen gut, und der Leiden gab es weniger als heutzutage. Wie sehr genoß die Jugend das freie Leben, das beinahe alle Knaben erträumen und wählen würden – könnten und dürften sie nur!

Häufig wurde unser Volk von anderen Stämmen überfallen; so mußten wir beständig auf der Hut sein. Ich entsinne mich, daß einmal ein nächtlicher Angriff auf unser Lager stattfand. Alle unsere Ponys flohen; nur wenige wurden wieder eingefangen, so daß fortan unsere Wanderungen mit den Hundetravois ausgeführt werden mußten.

Im zweiten Winter nach unserer Niederlage in Minnesota wurden mein Vater, meine zwei älteren Brüder und mehrere andere Indianer von einem Mischling in Winnepeg an Regierungsbeamte der Vereinigten Staaten verraten. Da ich damals mit meinem Onkel in einem anderen Landesteil lebte, wurde ich auf zehn Jahre von ihnen getrennt. Während all dieser Zeit hielten wir sie für tot, und man zog mich mit Rachegedanken gegen die Weißen auf.

Ich muß über diesen Onkel, meines Vaters Bruder, der während vieler Jahre mein Lehrer und Erzieher war, einiges sagen. Er war ungefähr 1,90 Meter groß, sehr stattlich und breitschultrig und galt unter den Sioux in Britisch-Amerika als einer der besten Jäger und tapfersten Krieger; dort lebt er noch, da wir ihn bis auf den heutigen Tag nicht überreden konnten, in die Vereinigten Staaten zurückzukehren. Er ist der richtige Indianertypus, nicht umgänglich, aber wahrhaftig und tapfer. Die wenigen Grundsätze, die er hatte, hielt er streng ein.

Es ist bewunderungswürdig, daß überhaupt Kinder unter all den Mühseligkeiten und Leiden jener Tage aufwachsen konnten. Das gebrechliche Tipi[10], das Zelt, das im Winter wie im Sommer nur leicht aufgestellt wurde, war unser einziger Schutz gegen Kälte und Stürme. Ich kann mich an Zeiten erinnern, wo wir ganz eingeschneit waren und nur mit Mühe Brennstoff fanden. Einmal waren wir drei Tage während des heftigsten Schneesturms ohne Feuer. Man fand solche Naturereignisse ganz natürlich und ängstigte und wunderte sich nicht darüber, wußte man doch, daß der Sturm zu seiner Zeit wieder aufhören würde.

Früher konnte ich Kälte und Hunger so gut wie irgendeiner ertragen; jetzt ist mir schon das Fehlen einer Mahlzeit unangenehm; vor nassen Füßen hüte ich mich jetzt, als hätte ich nie die wilde Jugendzeit durchlebt, in der ich doch, ohne mich zu erkälten, stundenlang triefend naß sein konnte. Selbst bei Nahrungsüberfluß mußten wir zeitweilig fasten und anstrengende, schwere Übungen ausführen, um den Körper zu stählen und für kommende Anstrengungen vorzubereiten. Mein Onkel trug ein Wild oft stundenweit auf den Schultern heim, ohne das etwa als besondere Leistung anzusehen.

Wir waren gewohnt nur zweimal am Tage, morgens und abends, zu essen. Diese Regel war nicht unumstößlich. Kam Besuch, so bot man Tabak oder Speisen oder auch beides an. Die Regel, nur zwei Mahlzeiten am Tage zu halten, wurde von den Männern, besonders den jüngeren, strenger als von Frauen und Kinder beachtet. Damals wußten die Indianer, daß echte Männlichkeit, Körperkraft und Ausdauer von Mäßigkeit im Essen und Trinken und regelmäßigen Übungen abhängig ist. Den heutigen Indianern auf den Reservationen scheinen alle diese Lebensgewohnheiten abhanden gekommen zu sein.

Meine Großmutter

Meiner guten Großmutter, der besten Beschützerin und klügsten Erzieherin, gehörte mein ganzes Vertrauen. Wie sehr sie ihren Stammesgenossinnen überlegen war, zeigte mir die Achtung, die ihr von anderen Frauen gezollt wurde. Sie war geistig hervorragend begabt und besaß ein vorzügliches Gedächtnis. Keine andere Frau kam ihr, solange sie lebte, an Geschicklichkeit und Verstand gleich. Ihre Lebenserfahrung hatte sich ihrem Gedächtnis fest eingeprägt und waren ihr zu Rat und Hilfe anderer stets gegenwärtig. Mir ist eine Unterhaltung mit ihr beim Kräutersuchen deutlich in Erinnerung geblieben.

»Warum, Großmütterchen, brauchst du nicht alle diese Wurzeln zur Medizin?« begann ich.

In ihrer schnellen, lebhaften Art erwiderte sie: »Weil das Große Geheimnis uns nicht erlaubt, die Dinge, die wir nötig haben, zu schnell zu finden, sonst würde jeder Medizinspender sein. Ohijesa muß lernen, daß es im Leben viel Verborgenes gibt, das nur die Würdigsten erfahren. Nur die, die in Einsamkeit suchen und fasten, erfahren die Wunder des Großen Geheimnisses.«[11]

Mit diesen und ähnlichen Bemerkungen weckte sie in meiner Seele wunderbare und lebendige Vorstellungen bezüglich des Großen Geheimnisses und der Wirkungen des Gebets in der Einsamkeit.[12] Ich setzte meine kindischen Fragen fort:

»Aber warum nahmst du die Pflanzen nicht vorhin aus den Wäldern? Es sind doch die gleichen, die du jetzt ausgräbst.«

»Die Beeren, die wir im Schatten tiefer Wälder finden, sind

bitterer und schmecken schlechter als die, die in der Sonne wachsen. Ebenso ist's mit den heilkräftigen Pflanzen. Kräuter, die heilende Säfte in sich bergen, muß man dort pflükken, wo sie weder zu naß noch zu trocken stehen und wo sie reichlich Sonne haben, um ihre Kräfte zu entfalten.

Eines Tages wird Ohijesa alt genug sein, die Geheimnisse der Heilkunst zu erfahren; dann will ich ihm alles sagen. Würdest du schlecht werden, so müßte ich diese Schätze von dir fernhalten und sie deinem Bruder geben, denn ein Medizinmann muß gut und weise sein. Ich hoffe, daß Ohijesa einmal ein großer Medizinmann wird. Ein tapferer Held und Krieger steht hoch im Leben, aber ein mächtiger Medizinmann überragt ihn.«

Sie sagte das so gedankenvoll, mit solchem Nachdruck, daß ich ihre Worte noch bis zum heutigen Tage fühle und empfinde.

Die Frauen unseres Stammes sammelten wilden Reis, Wurzeln, Beeren und Früchte als wichtigen Bestandteil unserer Nahrung; dies war in erster Linie Frauenarbeit. Meine Großmutter verstand sich vortrefflich auf diese Dinge und wußte fast instinktiv, wo und zu welcher Jahreszeit man suchen müsse, um eine schmackhafte und abwechslungsreiche Kost zu finden. Diese Arbeit regte die Indianerfrauen an, auf ihre Art Naturstudien und Beobachtungen zu machen; Untschida war hierin scharfsinniger als die Männer. Ihre Söhne hatten keineswegs ihre Geschicklichkeiten alle vom Vater ererbt; tatsächlich stammten die bedeutenderen Familienzüge unverkennbar von ihr. Sie war die Anführerin der Frauen des Stammes, und man kam nicht nur zu ihr, um medizinischen Rat, sondern auch um Beistand in allen anderen Lebensfragen zu erbitten.

An Tapferkeit kam sie jedem Manne gleich. Wir zogen einmal auf einem, von feindlichen Stämmen besetzten Gebiet umher. Eines Tages, als die meisten unserer Männer auf Jagd waren, erschien plötzlich ein Trupp feindlicher Indianer, der die daheim Gebliebenen so überraschte, daß sie im ersten Augenblick kaum wußten, was sie tun sollten. Da ging Untschida allein den Feinden entgegen. Endlich, nachdem sie bereits ein beträchtliches Stück vorausgegangen war, folgten ihr einige Männer. Sie reichte den Fremden beherzt die Hand, ihr freundlicher Gruß wurde angenommen, und sie erreichte als Lohn ihrer tapferen Tat, daß wir unbehelligt und in Frieden blieben.

Mein Vater erzählte mir noch eine andere Geschichte von ihr. Mein Großvater war ein hervorragender Jäger gewesen und entfernte sich auf der Suche nach Wild oft von seinen Genossen. So war er einmal mit seiner Frau und den drei Söhnen in der Wildnis völlig allein. Eines Abends fand er zu seiner größten Überraschung bei der Heimkehr sein Zelt mit einer starken Verschanzung umgeben.

Untschida hatte eine drohende Gefahr in einem einzigen Fußabdruck entdeckt; sie erkannte auf den ersten Blick, daß er nicht von ihrem Manne herrührte, und sah an der Form der Mokassins weiter, daß es keine Siouxspur war. Die Geschicklichkeit, Fußspuren zu erkennen, ist den Indianern überhaupt eigen, doch ist sie beim einzelnen unterschiedlich ausgeprägt.

Die mutige Frau hatte eine Bande von fünf Ojibways vertrieben! Sie waren vorsichtig an das Zelt herangeschlichen, aber zeitig genug hatte sie der Hund gewittert und bei der Gefahr laut aufgebellt; so konnte Untschida aus ihrem Versteck die Ladung eines doppelläufigen Gewehrs mit so gutem Erfolg auf sie abfeuern, daß die erstaunten Krieger es für ratsam hielten, schleunigst den Rückzug anzutreten.

Ich mochte etwa sechs oder sieben Jahre alt sein, als eines Tages die Lagerpolizei[13] anrückte und unser großes Büffelzelt zerstörte. Es war ruchbar geworden, daß mein Onkel allein eine große Büffelherde gejagt hatte. Das entsprach jedoch nicht ganz der Wahrheit, denn er hatte unabsichtlicherweise, als er am Waldrand einen Hirsch schoß, eine Büffelherde erschreckt. Wie dem auch sei, solch eine Tat mußte streng bestraft werden, auch wenn das Vergehen unabsichtlich war.

Ich spielte ruhig bei Untschida im Zelt, als der Angriff erfolgte. Da ich das Nahen der Polizei nicht gehört hatte, glaubte ich, das Ende meiner kleinen Welt sei gekommen, als plötzlich aus vierzig kräftigen Indianerkehlen der Kriegsruf erschallte. Im selben Augenblick durchbohrten unzählige Messer und Kriegsbeile unser gebrechliches Heim; die Stangen und Zeltbefestigungen über unseren Häuptern wurden mit Gewehrschüssen zersplittert und vernichtet.

Ich weiß kaum, was ich tat, aber als ich wieder denken konnte, bemerkte ich, daß Untschida heftig mit dem Anführer stritt. Sie behauptete, die Sache sei nicht klar erwiesen und keiner der Polizeisoldaten hätte solchen Kriegsrang, daß er berechtigt sei, ihres Sohnes Zelt zu berühren. Aber ach! unser armes Zelt war bereits eine unkenntliche Ruine, selbst die Stangen waren völlig zersplittert.

Indianerfrauen in mittlerem Alter sind für gewöhnlich schwerfällig und wenig beweglich; meine Großmutter bildete auch in dieser Beziehung eine Ausnahme. Als ich geboren wurde, zählte sie gerade sechzig Jahre, und als ich sieben Jahre alt war, schwamm sie einmal mit mir auf dem Rücken über einen breiten, reißenden Strom. Sie fürchtete, in den schwerfälligen, runden Büffelhautbooten, mit denen wir besonders im Frühjahr über angeschwollene Ströme setzen mußten, könne mir ein Unglück zustoßen. Ihre Kraft und Ausdauer waren hervorragend. Selbst noch im Alter von zweiundachtzig Jahren machte sie eines Tages, scheinbar ohne große Ermüdung, einen Marsch von fünfundzwanzig englischen Meilen.

Jetzt, da ich imstande bin, die Gewohnheiten und Neigungen der Indianerfrauen jener Zeit besser zu beurteilen, bewundere ich die Reinheit und die hohen Gefühle dieser Frau.

Als ihr Mann starb, war sie noch verhältnismäßig jung, noch sehr tätig, klug und fleißig. Sie stammte von einem stolzen Häuptling der Laubhüttenbewohner ab. Obwohl Frauen ihres Alters und in ihrer Stellung sich wieder verheiraten durften und sich mehrere Häuptlinge ihres Alters beharrlich um sie bewarben, zog sie es doch vor, allein zu bleiben und ganz dem Gedächtnis ihres Mannes zu leben.

Ich war noch sehr klein, als mein Onkel einmal zwei junge Ojibwaymädchen heimbrachte. Man hatte sie in einem Kampf, der keinem Sioux das Leben gekostet hatte, zu Gefangenen gemacht, daher kamen ihnen die Siouxfrauen freundlich entgegen. Scheinbar waren sie glücklich, empfanden jedoch die Verluste, die sie bei ihrer Gefangennahme erlitten, schmerzlich; die ihnen von uns erwiesenen Freundlichkeiten nahmen sie sehr dankbar auf. Sie lebten zwei Jahre in meiner Großmutter Familie und wurden nach dem Friedensschluß ihrem Stamme zurückgegeben.

Ich entsinne mich ihres Abschieds von uns und will ihn zur Charakteristik meiner Großmutter hier erzählen. Als die Abschiedsstunde schlug, trat die ältere der beiden Schwestern auf Untschida zu, umarmte sie und sagte: »Du bist eine tapfere Frau und eine gute Mutter. Jetzt erst verstehe ich, warum dein Sohn unser Volk so heldenhaft besiegte und mich und meine Schwester gefangennahm. Erst haßte ich ihn, jetzt bewundere ich ihn; er handelte damals so, wie mein Vater, Bruder oder Gatte in gleichem Falle gehandelt haben würde. Dann aber tat er mehr; denn er rettete uns vor den Kriegsbeilen seiner Kampfgenossen und brachte uns in sein Heim, damit wir eine edle und brave Frau kennenlernten.

Nie werde ich deine große Freundlichkeit, die du uns erzeigt hast, vergessen. Aber ich muß scheiden. Ich gehöre meinem Stamme an und werde zu ihm zurückkehren. Ich werde mich bemühen, eine wahrhaftige Frau zu sein, und will meine Söhne nach dem Vorbild deines Sohnes zu großmütigen, tapferen Kriegern erziehen.«

Ihre Schwester zog es vor, bei uns zu bleiben und heiratete später einen jungen Sioux.

»Ich werde Sioux und Ojibway zu Freunden machen,« sagte sie.

Es kam oft Heiraten mit gefangenen Frauen anderer Stämme vor. Die Mutter des wohlbekannten Siouxhäuptlings Wabascha war eine Ojibwayfrau. Ich kannte eine Frau, von der man sagte, daß sie eine weiße Gefangene sei. Sie war an einen angesehenen Krieger verheiratet, war Mutter von fünf Söhnen geworden und hatte sich den Indianern so sehr angeglichen, daß ich als Kind nie ihre Herkunft erkannt haben würde. Die Haut dieser Leute wurde so sonnenverbrannt und farbig, daß nur ein geübtes Auge sie von echten Indianern unterscheiden konnte.

Eine indianische Zuckerernte

In meiner Jugend richteten sich beim ersten Märztauwetter die Gedanken der Indianerfrauen auf die jährliche Zuckerernte. Dieser Arbeit widmeten sich hauptsächlich Greise, Frauen und Kinder, während die Männer auf die Frühjahrspelzjagd zogen.

Die wichtigsten und notwendigsten Geräte für diese Arbeit waren die mächtigen eisernen und messingnen Kochkessel. Alles andere konnte man sich selbst machen, diese jedoch mußten gekauft, erbeten oder geborgt werden. Man fällte einen Ahornbaum, höhlte ihn als Kanu aus, schnitzte kleine Tröge aus Lindenholz und machte Schalen aus Birkenrinde zum Auffangen des Saftes, der in süßen Tropfen vom Baum herabsickerte.

Waren diese Arbeiten getan, so zogen wir alle zum borkenen Zuckerhäuschen, das inmitten eines Ahornwaldes am Minnesota-Ufer lag. Die Hütte war voll Schnee und Herbstlaub, und wir mußten sie für unseren Gebrauch erst reinigen. In ihrer unmittelbaren Nähe wurde ein Zelt zum Wohnen aufgeschlagen. Noch lag überall tiefer Schnee, auf dessen fester Kruste man gut gehen konnte. Gewöhnlich zog man vor dem Aufbrechen des Saftes zum Zuckerhaus, um dort in aller Ruhe die notwendigen Vorbereitungen treffen zu können.

Meine Großmutter arbeitete in diesen Tagen wie ein Biber oder, wie der Indianer sagt, wie eine Moschusratte. Dieses kleine fleißige Tier sammelt manchmal sechs bis acht Scheffel an eßbaren Wurzeln für den Winter; traurigerweise wird es dann meistens von einem Indianer völlig ausgeraubt. War Aussicht auf gute Ernte, so wurde ein zweiter, selbst ein dritter Trog zur Aufbewahrung des Saftes angefertigt. Später verwendeten die Jäger diese Tröge als Kanus oder Ruderboote.

Während unserer letzten Zuckerernte in Minnesota arbeitete meine Großmutter vor dem Anzapfen des Saftes gerade noch eifrig mit ihrer Axt an einem Kanu. Neben ihr stand eine meiner jungen Tanten. Wir Knaben waren alle im großen Zuckerhaus eifrig beim Schnitzen von Pfeilen, mit denen wir späterhin Eichkätzchen und Erdeichhörnchen, eine Art Wiesel, die immer zahlreich erschienen, wo es süßen Saft gab, vertreiben wollten. Auch die Vögel kamen allmählich zurück, und die kalten Märzstürme trieben sie vor unsere Türe. Damals konnte ich meiner Jugend halber nicht viel mehr als zusehen, aber wie sehr war ich trotzdem bei der Sache! Die größten Jungen spitzten eifrig Pfeile und stützten die Enden gegen die langen, im Feuer brennenden Scheite, von denen sie gelegentlich einen Span mit abschnitten. Im Eifer achteten sie wenig auf die Brandgefahr, obwohl sie sehr gut wußten, daß sie den brennenden Scheiten nicht mit den Messern zu nahe kommen durften.

Plötzlich hörte man draußen lautes Geschrei, und alles stürmte hinaus, zu sehen, was es gäbe. Das war freilich eine ernste Sache. Meiner Großmutter Axt war ausgeglitten und hatte meine Tante, die mit über der Brust gekreuzten Armen neben ihr stand, so unglücklich getroffen, daß drei Finger ihrer Hand abgehauen waren. Beim Herausstürmen empfing uns die alte Frau, die bereits unsere Nachlässigkeit mit den brennenden Scheiten bemerkt und sich darüber geärgert hatte, mit lauten Vorwürfen und drohte uns mit Prügeln. Diese Geschichte wird meinen Lesern wunderlich vorkommen, erklärt sich aber leicht aus dem Aberglauben der Indianer, die an eine Strafe des Schicksals für das obengenannte vermeintliche Vergehen glaubten. Für unseren

Leichtsinn mußte nun meine arme Tante die Strafe leiden.

Meine Großmutter fertigte nicht nur Kanus an, sondern sammelte auch eine große Menge Brennmaterial, um das Feuer in Gang zu halten. Fing erst der Saft an zu fließen, hatte man dazu keine Zeit mehr. Plötzlich wurde das Wetter milder, der Schnee fing an zu schmelzen und wurde von den Aprilstürmen und Güssen in den Minnesota geschwemmt. Nun begann das Proben der Bäume. Gemächlich gingen die Frauen von Baum zu Baum und versuchten mit einem Axtschlag, ob der Saft fließe. Die Bäume haben, wie die Menschen ihren eigenen Charakter; einige sind bereit, ihren Lebenssaft herzugeben, andere halten sich zurück. Unter jeden Baum wurde nun ein birkenes Gefäß gestellt und in den Axteinschnitt ein harter Holzspan getrieben. Lautlos sikkerte der Saft aus der Wunde und floß, erst tropfenweise, dann schneller und schneller in die kleinen Behälter.

Für gewöhnlich erntet man nur vom Ahorn Zucker, doch versucht der Indianer auch andere Bäume auf ihren Saft hin. Von Birke und Esche wurde ein dunkelfarbiger Zucker mit etwas bitterem Geschmack gewonnen, den man für medizinische Zwecke brauchte. Eine andere Ahornart lieferte einen herrlichen weißen Zucker, der nur einen Fehler hatte – man hatte nie genug davon.

Nachdem die Frauen den Saft in birkenen oder zinnernen Gefäßen aufgefangen und in die Kanus gegossen hatten, zündeten sie im Zuckerhaus ein mächtiges Feuer an und hängten eine Reihe saftgefüllter Kessel darüber. Welch Entzücken für ein Knabenherz, wenn der hochkommende Saft aufzischte! – Jeder Knabe mußte auf einen Kessel aufpassen, daß der Kessel nicht überkochte und endlich, wenn der Saft zum Sirup wurde, ihn zum Probieren mit einem Löffel auf den Schnee schütten. Wir probierten so oft und gründlich, daß wir am ersten, wohl auch am zweiten Tage alles, was wir kochten, verzehrten. Erst als wir uns an der Süßigkeit gründlich übersättigt hatten, wurde meine Großmutter strenge, denn etwas Zuckervorrat wollte sie doch behalten. Sie füllte ihn in die verschiedenartigsten Behälter, meist in Birkenholzgefäße, hohles Rohr, Schilf, zuweilen auch in Gänse- oder Entenschnäbel. Ein Teil wurde pulverisiert und in Behälter aus Rohleder verpackt. Als kluge Frau gab sie uns erst etwa nach einem Monat wieder davon zu essen, und dann nur bei besonderen Gelegenheiten. So hielt er fast das ganze Jahr vor. Der kleinste Kandis wurde als besondere Näscherei für die kleineren Kinder aufbewahrt. Man verspeiste den Zucker bei Festlichkeiten mit wildem Reis, gedörrtem Mais oder gestoßenem, getrocknetem Fleisch. Kaffee, Tee und dergleichen Getränke waren uns damals noch völlig unbekannt.

Jedes eifrige Betreiben einer Sache hat seine besonderen Versuchungen und Nöte. Meiner Großmutter besondere Prüfung in dieser Erntezeit waren die Löcher in den Birkenrindenschüsseln. Eichhörnchen und Kaninchen machten sie sich zunutze, und wir kleines Volk wurden auf einmal sehr nützliche Helfer, denn wir verfolgten die kleinen Nagetiere mit unseren Pfeilen auf das gründlichste. Das ganze Zuckerlager war unser Jagdgebiet; mein älterer Bruder brachte für gewöhnlich ein oder zwei Kaninchen heim, die wir uns dann trefflich schmecken ließen.

Die Zuckerernte dehnte sich etwa bis Mitte April aus, so daß uns die heimkehrenden Singvögel im Umkreis unseres Lagers noch mit ihrem lieblichen Gesang erfreuten. Oft folgte ich meinen älteren Brüdern in die Wälder, obwohl ich damals erst vier oder fünf Jahre alt war. Bei einem dieser Ausflüge gingen sie so weit, daß ich nicht mehr mitkonnte und allein umkehren mußte. Als ich wieder an unsere Hütte kam, sah ich ein Erdeichhörnchen auf einem Baumstamm sitzen und nach seinem Weibchen rufen. Wie wär's, wenn ich's mit meinem kleinen Pfeil erlegte! Gedacht, getan. Behutsam und vorsichtig schlich ich näher, heftete meine Augen auf das niedliche Tier, und gerade wollte ich meinen Pfeil fliegen lassen, als ich einen zischenden Laut zu meinen Füßen hörte. Eine greuliche Schlange lag aufgerollt und zum Zustoßen bereit vor mir! Ach, wie schnell vergaß ich, daß ich ein Krieger war, schrie laut auf und prallte zurück, besann mich dann aber bald und sah beschämt vor mich nieder, obwohl niemand in der Nähe war. Immerhin – sicher ist sicher –, ich zog mich auf einen umgefallenen Baumstamm zurück, und von dort konnte man etwa folgendes Selbstgespräch hören: »Wenn ich doch wüßte, ob eine Schlange auch auf einen Baum klettern kann!«

Während unserer letzten Zuckerernte stand ich eines Tages in Minnesota vor unserer Hütte und beobachtete einen näherkommenden Besuch. Es war ein gebeugter, alter, weißhaariger Mann mit einem großen Bündel von rotem Weidenbast, Kinnikinik, der von den Indianern zum Rauchen gebraucht wird, auf dem Rücken. Er warf seine Last vor unserer Tür ab und begrüßte uns mit den Worten: »Ihr habt prächtiges Wetter zur Ernte!«

Es war mein Urgroßvater Wolkenmann, der aus einem Dörfchen an den Calhoun- und Harrietseen stammte, an dessen Stelle jetzt die Vororte von Minneapolis liegen. Er war eine charakteristische Persönlichkeit in jenen Übergangszeiten und hatte seinerzeit als erster Siouxhäuptling[14] die protestantischen Missionare mit seinem Stamm willkommen geheißen. Sein Weg hatte ihn zu uns geführt, weil er uns mitteilen wollte, daß umherstreifende Ojibways einige friedfertige Zuckersammler angefallen und bereits getötet hätten. Diese Nachrichten störten uns bei unserer Arbeit nicht im geringsten, mußten wir doch immer darauf gefaßt sein, einmal die Opfer eines Ojibwaytrupps zu werden. Immerhin fühlten wir uns doch alle ein wenig unbehaglich, bis wir, reich beladen, wieder in unser Dorf heimkehrten.

Das Sommerfest

Es war Hochsommer. Sämtliche Unternehmungen der Santee-Sioux[15] im vergangenen Jahr waren außergewöhnlich erfolgreich gewesen. Die Pelzjäger hatten Glück gehabt, und der harte Winter hatte sich als sehr günstig erwiesen. Mais und Kartoffeln waren beinahe schon zur Ernte reif; so war es an der Zeit – die Uachpetonwan-Sippen der Sioux und die Laubhüttenbewohner waren darin einer Meinung –, die Sommerfeste der guten alten Zeit feierlich zu begehen.

Die Einladungen wurden in Form von Tabaksbündeln übersandt. Verschiedene kleinere Stämme sandten ihre Zusagen in ähnlicher Form. Blau-Erde, der Häuptling der Laubhüttenbewohner, war Gastgeber.

Man plante verschiedene Arten athletischer Spiele. Das Fest war somit eine Art Volksfest, bei dem viele Einzelvorstellungen, Wettspiele und gesellschaftliche Zusammenkünfte stattfinden sollten. Fräulein Weißes Kaninchen will beispielsweise ein Mädchenfest veranstalten. Sie dingt einen Ausrufer, der bei den verschiedenen Stämmen herumgeht und in singendem Tonfall verkündet:

»Fräulein Weißes Kaninchen will heute nachmittag im Kaposialager ihre Freundinnen empfangen.«

Oder: Sollte Herr Schlaf-Auge wünschen, daß die Ohrläppchen seines Kindes in einer öffentlichen Zeremonie durchbohrt werden, so muß er eine große Menge Ottern-, Bären-, Biberfelle und Ponys verschenken; man versagt sonst dem Kinde die Achtung, auf die es als Nachkomme einer angesehenen Familie Anrecht hat.

Das wichtigste Ereignis aller Veranstaltungen war das

Lacrossespiel, das kanadische Ballspiel[16]; man wählte dafür gewöhnlich die beiden Stämme, die die meisten und besten Läufer aufzuweisen hatten.

Das Uachpetonwan-Dorf am Minnesota-Ufer war durch die vielen neu angekommenen Gäste und umfangreichen Festvorbereitungen voll Leben und Unruhe. Man hatte mit Rücksicht auf dieses Fest im vergangenen Herbst Wildbret mit großer Sorgfalt geräuchert; außerdem gab es wilden Reis, das zarteste, getrocknete Wildfleisch, das man den ganzen Winter gespart hatte, frisch ausgegrabene, wilde Rüben, reife Beeren und frisches Fleisch die Menge.

Am Waldsaum standen in Gruppen oder Halbkreisen die Zelte, ein jeder Stamm deutlich von seinem Nachbarstamm getrennt. Makatos oder Blau-Erdes Zelt war an einem allgemein sichtbaren Platz errichtet. Über dem Eingang, der der aufgehenden Sonne zugewandt war, leuchtete in gelben und roten Farben das Bild einer Pfeife[17] – der Willkommensgruß der Indianer, zugleich auch das Zeichen der Einigkeit und Friedfertigkeit für die Festtage.

Man versammelte sich und schritt zur Wahl einiger Medizinmänner, die die bei dem Spiel zu verwendenden Bälle bestimmen sollten; bald darauf verkündete ein Herold, daß diese Ehre dem alten Tschanckpi-juha oder Er-hält-die-Keule zugefallen war. Manche Hoffungen waren durch diese Wahl zunichte geworden. Tschanckpi-juha war ein äußerst stattlicher Mann, der das Vertrauen seiner Stammesgenossen durch sein schönes Äußeres und seine Art, mit abergläubischen Seelen fertigzuwerden, gewonnen hatte.

Gegen Abend erschien er mit einem kleinen Knaben von etwa vier Jahren an der Hand. Gespannt betrachtete der kleine Kerl jede Bewegung des Mannes; nichts entging seinen wachsamen Augen, die immer größer und leuchtender wurden. Sein üppiges, glänzend schwarzes Haar war geflochten und wie ein Heiligenschein um den Kopf gewunden, und in jedem Ohr steckte etwas Schwanenflaum, in hellem Kontrast zur Hautfarbe des Kindes. Außerdem war der Knabe dem Brauch und seinem Alter entsprechend bemalt. In der Hand hielt er einen kleinen Bogen und Pfeile.

Der Medizinmann begab sich in die Mitte des Kreises, nahm eine großartige Haltung an und hielt folgende kurze Ansprache: »Uachpetonwans! Ihr rühmt euch, schneller zu sein als der Wapiti; sogar die Ojibway könnt ihr im Laufe übertreffen! Hier, vor versammeltem Volk übergebe ich euch diesen roten Ball! Kaposias, ihr behauptet, keiner habe einen schnelleren Fuß als ihr. Ihr könntet im Wettlauf einen ganzen Tag ohne Wasser aushalten. Euch übergebe ich diesen schwarzen Ball. Weder ihr noch die Laubhüttenbewohner werden nach Beendigung des Spiels die Augen niederschlagen müssen oder den Kopf hängenlassen. Ich verkündige hiermit: Siegen die Uachpetonwans, so soll diesem kleinen Krieger zeitlebens der Name Ohijesa, das heißt Sieger, verliehen werden; siegen hingegen die Kaposias, so sollen sie diesen Namen einem, von ihnen bestimmten Kinde verleihen.«

Man wollte das große Hauptspiel auf einem nahegelegenen Landstreifen zwischen einem See und Fluß abhalten. Der Platz war ungefähr eine Dreiviertelmeile lang und eine Viertelmeile breit. Die Zuschauer hatten sich bereits an beiden Seiten und den oberen und unteren Enden, die etwas erhöht über der Mitte lagen, niedergelassen. Die Ordnung haltende Lagerpolizei trug viel zur Unterhaltung bei. Sie hatte nicht nur ihre Körper nach kunst- und geschmackvoller Indianerart, sondern auch Ponys und Keulen bunt bemalt. In der Ausübung ihres Berufes war sie so streng, daß sich keiner auch nur einige Fußbreit über die abgesteckten Grenzen wagen durfte.

Alle kleineren Veranstaltungen und Festlichkeiten, die einige Tage in Anspruch genommen hatten, waren nun erledigt. Herolde zu Pferde luden alle Teilnehmer ein, sich zum Spielplatz zu begeben; sollten zwei etwa miteinander hadern, bat man sie, ihre Gefühle während der Festtage zu beherrschen.

Die stärksten Männer wurden in der Mitte aufgestellt, die Schnelläufer ganz nach hinten gewiesen. Es war ein eindrucksvoller Anblick – eine Auslese ganz nackter, schmukker Gestalten, die in allen Regenbogen- und Sonnenuntergangsfarben schillerten. Einige hatten die Milchstraße auf ihre braunroten Körper gezaubert; einer oder zwei hatten sogar den kühnen Versuch gemacht, den Blitz auf ihren Leib zu malen. Andere begnügten sich damit, ihre muskulöse Brust mit irgendeinem schnellen Tier oder Vogel zu schmücken.

Die Haartracht der Siouxballspieler ist oft, freilich unbewußt, von modernen Haarkünstlern nachgeahmt worden. Einige schnitten ihr Haar kurz und sengten es; andere taten etwas mehr: sie puderten sich. Der griechische Knoten wurde an unrechter Stelle, dicht über der Stirn, angebracht. Die meisten strichen ihr langes Haar glatt zurück und banden es mit einem Otternfellstreifen zusammen.

Mitten auf dem Spielplatz waren vier sehr schöne, starke Männer aufgestellt. Ein fünfter näherte sich dieser Gruppe, zögerte einen Augenblick, warf den Kopf zurück, schaute zum Himmel auf und stieß einen durchdringenden Schrei aus. Im selben Augenblick flog in der Mitte beider Parteien der kleine schwarze Ball unter Geschrei, Aufmunterungs- und Kriegsrufen in die Höhe. Beide Parteien mühten sich, den Ball in der Luft zu fangen; aber ach! – jede kam der andern in die Quere, so daß die Ordnungshalter von beiden Seiten eingreifen mußten. Zeitweilig wetteiferten gegen hundert Ballstöcke miteinander, und man sah durch die Staubwolken nur einen Wirrwarr von buntbemaltem menschlichem Fleisch. Plötzlich schoß der Ball gerade gen Süden, dem Mal der Kaposias zu. Seine Eigentümer jauchzten laut auf vor Freude, daß es von den weißen Felsen widerhallte.

Als der Ball durch die Luft sauste, waren bereits zwei Gegner zu seinem Empfange bereit. Wohl stürmte der Kaposia ihm entgegen, traf ihn aber nicht mit seinem Schläger, da ihn sein Gegner ablenkte, freilich ohne ihn zu fangen. So berührte der Ball den Boden, hatte aber keine Gelegenheit weiterzuspringen, denn, einer wilden Katze gleich, stürzte ein Uachpetonwan herzu und entwand ihn dem Griffe seiner Gegner. Wieder lautes Freudengeschrei! – Der kühne Krieger, der die kleine Kugel nun durch das feindliche Mal bringen wollte, setzte viel aufs Spiel, denn er mußte, ehe er sich in Sicherheit bringen konnte, einer Menge Kaposias ausweichen. Er war leichtfüßig und geschickt; bald sprang er wie ein Panther, bald setzte er, einem Wilde gleich, über einen Gegner, der ihn um den Leib fassen wollte. Jeder Gegner war ihm auf den Fersen, während seine Partei tat, was sie konnte, um ihm freie Bahn zu schaffen. Alles war jedoch vergeblich, er gewann nur fünfzig Schritt.

So ging das Spiel weiter. Erst gewann eine Partei einen Vorteil, dann die andere, dann wurde wieder verloren, bis der Herold Ballwechsel befahl. Kein Sieg war für die eine oder andere Partei abzusehen.

Nach einigen Minuten Ruhepause wurde das Spiel fortgesetzt. Jetzt wurde der rote Ball in der üblichen Weise in die Luft geschleudert. Kaum war er herabgefallen, da fing einer der Spieler ihn auf und schlug ihn nordwärts; ein Vorteil, denn er war von seiner Partei vorwärts geschlagen. Wild tobte der Kampf! Endlich stoppte der nördliche Flug des

Balles einen Augenblick – verzweifeltes Ringen begann. Überall Aufmunterungs- und Kriegsrufe, wie man sie sonst nie vorher in einem Wettkampf der Wilden gehört hatte, und die wohl so nur beim Fußball der Jugend Brauch sind.

Der Ball war, da über hundert Männer nach ihm haschten, nicht hoch gekommen. Plötzlich schoß ein Krieger aus dem Knäuel auf, als sei er selbst der Ball! Überall der Ruf: »Paßt auf, Antilope! Paßt auf, Antilope!« Aber es war zu spät. Antilope hielt die kleine Kugel bereits fest in der Hand; er, der schnellste der Uachpetonwans, hatte seinen Ballschläger niedergeworfen und richtete den Blick fest auf das nördliche Grenzmal.

Welch ein Lauf! – Er hatte bereits alle Gegnerposten hinter sich – bis auf zwei – die hervorragendsten Renner Kaposias! Als er sich ihnen in diesem fast unwiderstehlichen Lauf näherte, schlug jedes Indianerherz lauter unter der dunklen Brust. Im nächsten Augenblick eine Niederlage für die Kaposias oder Fortsetzung des Spiels! Beide Männer sahen festen Blickes, wie zwei sprungbereite Panther, auf ihren Feind. Antilope zögerte nicht im Lauf, wich auch nicht von der Bahn ab. Ein Getöse - und dann ein mächtiges Triumphgeschrei! Die beiden Kaposias stießen aneinander, der schnelle Antilope hatte den Sieg errungen.

Das Durcheinander und der Jubel im Lager der Sieger waren unbeschreiblich. Dann ein paar Trommelschläge – und die Ausrufer eilten die Reihen entlang, um zu verkünden, daß im Lager der Laubhüttenbewohner der Schluß des Festes stattfinde.

Der Tag war herrlich verlaufen. Ein Erfolg reihte sich an den andern. Und wie genossen die Alten solche Festtage! Im großen Kreis saßen in einer Gruppe die Mitglieder des allgemeinen Rats. Blau-Erde erhob sich und erklärte in kurzen, höflichen Worten, daß die Krieger seines Stammes nicht aus Selbstsucht die Ehren des Spiels eingeheimst hätten; es sei ein freundlicher Wettkampf gewesen, in dem jeder Stamm seine Tapferkeit hätte erproben sollen. Zum Andenken an diesen Sieg sollte der Knabe nun seinen Namen erhalten. Ein lautes Ho-o-o-! (Ja-ja-ja) der Zustimmung hallte von der Waldgrenze bis zum Ufer des Minnesota wider.

Halb erschreckt wurde nun der kleine Bursche in den Kreis gebracht; er sah aus, als ob er mindestens hingerichtet werden sollte. Hoch auf Hoch erscholl für den von Schüchternheit ganz benommenen Knaben. Tschanckpi-juha, der Medizinmann, schickte sich an, ihm den Namen zu verleihen: »Ohijesa! Sieger! soll fortan dein Name sein. Sei tapfer, sei geduldig, dann wirst du immer siegen! Dein Name ist Ohijesa!«

ERZIEHUNG EINES INDIANERKNABEN

Gemeinhin nimmt man an, daß die Ureinwohner unseres Landes ihre Kinder keiner regelrechten Erziehung unterwerfen. Diese Ansicht ist völlig irrig. Man muß vielmehr alle Sitten und Gebräuche dieses Naturvolkes als göttliche Einrichtungen betrachten, und die auf die Kindererziehung bezüglichen wurden an sich schon als durch die Überlieferung geheiligt angesehen und von Geschlecht zu Geschlecht vererbt.

Kaum war ein kleiner Krieger zum Leben erwacht, so wurde er mit Wiegenliedern, die von Kriegs- und Jagdheldentaten erzählten, in den Schlaf gesungen. Er selbst war freilich noch ganz verständnislos für die Anforderungen, die an seinen Ehrgeiz und Wagemut gestellt wurden. Man nannte ihn den zukünftigen Verteidiger seines Volkes, dessen Dasein von seinem Mute und seiner Geschicklichkeit abhänge. Ein kleines Mädchen wurde in den Wiegenliedern als Mutter eines kommenden, edlen Stammes angeredet.

Bei den Jagdliedern erwähnte man die wichtigsten Tiere; sie kamen, um dem Knaben ihre Körper zur Erhaltung seines Stammes anzubieten. Man betrachtete die Tiere als seine Freunde und sprach von ihnen beinahe wie von menschlichen Wesen, wie von seinen Vettern, Großvätern und Großmüttern. Die als Wiegenlieder vorkommenden Heiratsgesänge waren gleichfalls phantasievoll; die Werbenden traten darin oft als Tiere auf, z.B. hübsche Mädchen als Nerz oder Reh.

Sehr früh mußte der Indianerknabe die Sagen seines Stammes kennenlernen und erzählen können. Beinahe jeden Abend erzählten Vater, Mutter oder auch Großeltern eine Geschichte oder Sage, der der Knabe mit glänzenden Augen und offenem Munde lauschte. Meistens mußte er dann am nächsten Abend das Gehörte wiedererzählen. War er kein gelehriger Schüler, so quälte er sich sehr mit dieser Aufgabe; der Indianerknabe war jedoch in der Regel ein guter Hörer und besaß ein vorzügliches Gedächtnis, so daß er diese Geschichten sehr schnell beherrschte. Die Hausgenossen waren Zuhörer, von denen er Lob und Tadel erntete. Diese Art des Lernens machte dem Knaben Freude und stachelte seinen Ehrgeiz an. Seine Hoffnungen auf sein eigenes Leben wurden ihm zu einer unwiderstehlichen, lebendigen Kraft. Was es irgend zu lernen gab – er mußte es lernen; was für Eigenschaften für einen tüchtigen Mann vonnöten waren – er mußte sie erringen, koste es, was es wolle! Gefahr und Mühsal konnten ihn nicht anfechten. Das waren die Ideale eines begabten und tapferen jungen Indianers. In früher Jugend wurde es ihm zur Gewohnheit, allein umherzustreifen, die Einsamkeit der Wildnis durfte ihn nicht schrekken.

Man denkt gewöhnlich, alle Charaktereigenschaften und Fähigkeiten des Indianers seien erblich gewesen. Das ist ein

Irrtum, denn seine ganze Selbstbeherrschung und seine Geduld waren erworbene Eigenschaften, und fortgesetzte Übung allein machte ihn zum Meister der Weidmannskunst. Körperliche Übungen und strenge Zucht im Essen und Trinken wurden nicht vernachlässigt. Ich erinnere mich, daß ich weder Fleischbrühe noch sonst irgend etwas Warmes trinken durfte. Suppen waren für alte Leute. Die Jugend durfte das Essen nie heiß genießen und nur möglichst wenig Wasser trinken.

Mein Onkel, der mich bis zu meinem fünfzehnten Jahre erzog, war ein strenger Lehrer und guter Führer. Verließ ich frühmorgens das Zelt, so ermahnte er mich: » Hakada, mach unterwegs die Augen gut auf!« Kehrte ich abends heim, so prüfte er mich wohl eine Stunde lang.

»Auf welcher Seite haben die Bäume die hellste Rinde? Auf welcher Seite wachsen die regelmäßigsten Zweige?«

Ich mußte ihm alle neuen Vögel, die ich tagsüber gesehen hatte, aufzählen. Ich beschrieb sie nach der Farbe, der Form des Schnabels, dem Aussehen und der Lage ihres Nestes, ihrem Gesang, kurz nach allen Eigentümlichkeiten, die mir aufgefallen waren. Ich muß aber bekennen, daß ich da manche lächerlichen Irrtümer beging. Mein Onkel lehrte mich dann die rechten Namen, und da ich gewöhnlich auch manches richtig beobachtet hatte, erkannte er das bereitwilligst an.

Als ich etwa acht, neun Jahre alt war, lehrte er mich tiefer in das Walten und Wesen der Natur hineinblicken. Da konnte er wohl fragen: »Woher weißt du, daß in dem und dem See Fische leben?«

»Weil sie mittags im Wasser hochspringen und nach Fliegen schnappen.«

Solch eine schnelle, aber oberflächliche Antwort nötigte ihm dann wohl ein Lächeln ab.

»Was denkst du dir bei den kleinen Kieselsteinen, die im flachen Wasser in festen Gruppen beieinander liegen? Wie sind die hübsch geformten Wellen im flachen Ufersand und auf den kleinen Sandbänken entstanden? Wo findet man fischfressende Vögel? Haben die Ab- und Zuflüsse des Sees irgend etwas mit dieser Frage zu tun?«

Mein Onkel erwartete keineswegs auf einmal auf alle diese schwierigen Fragen eine genügende Antwort; er stellte sie mir nur, um mich zu einem guten Naturbeobachter zu erziehen.

»Hakada«, sagte er wohl zu mir, »du mußt es machen wie Schunktoketscha, der Wolf. Wird er überrascht und muß um sein Leben laufen, so zögert er und schaut dich, ehe er den endgültigen Rückzug antritt, nochmals genau an. So mußt du dir alles im Leben zweimal anschauen.«

»Tiere beobachtet man am besten, wenn man selbst vor ihnen verborgen ist. Ich bin oft Zeuge ihrer Kämpfe und Spiele gewesen und habe auf diese Weise eine Menge ihrer Geheimnisse erfahren. Einmal war ich geheimer Zuschauer einer heißen Schlacht zwischen ein paar Grislybären und drei Büffeln. Die Bären hatten einen harten Stand, denn es war Erdbeermonat, in dem die Büffel ihre Hörner schärfen, um unter sich blutige Kämpfe auszufechten.«

»Ich rate dir, mein Junge, greif eine Bärenhöhle nie von vorne an; schleich dich leise von hinten an und wirf deine Decke oder einen Stein vorn vor das Loch. Der Bär wird nicht gleich darauf zustürzen, sondern erst seinen Kopf lauschend vorstrecken; dann kommt er gemächlich, anscheinend gleichgültig heraus und setzt sich vor dem Eingang seiner Höhle auf die Hinterbeine, ehe er einen Angriff macht. Während er sich dir so aussetzt, ziele nach seinem Herzen.« So machte er mich auf die Eigentümlichkeiten der wilden Tiere aufmerksam und lehrte mich sie überlisten.

»Laß dich auf der Jagd durch die Gewohnheiten der Tiere, die du suchst, leiten. Bedenke, daß ein Elch sich meist in moorigen, feuchten Gründen oder im Gebirge in der Nähe eines Sees aufhält. Großes Wild, ausgenommen die Hirschkuh im Frühjahr, zieht fast fortwährend umher. Sobald du solche Spuren findest, verbirg dich und brauche deine birkene Lockpfeife. Hört dich ein Wild, so kommt es auch sehr bald zum Vorschein. Aber hüte dich, daß dich keine Wildkatze foppt; sie kann den charakteristischen Ruf der Hirschkuh täuschend nachahmen.

Hast du Schwierigkeiten mit einem Bären oder einer Wildkatze, d.h. will das Tier dich zuerst angreifen, so mußt du es merken lassen, daß du es zuerst gesehen hast und weißt, was es will. Bist du nicht genügend für einen regelrechten Kampf gerüstet, so kannst du es nur zum Rückzug zwingen, wenn du mit einem langen, zugespitzten Pfahl entgegen rennst. Kein wildes Tier wagt es, sich dem gegenüber zu stellen, es sei denn, daß es bereits verwundet oder in die Enge getrieben sei. Die Raubtiere haben meistens vor den natürlichen Waffen größerer, gehörnter Tiere Furcht. Mit Hörnern, besonders mit langen und spitzen, wagen sie selten einen offenen Kampf.

Freilich gibt es eine Ausnahme von dieser Regel. Die grauen Wölfe greifen, wenn sie sehr hungrig sind, wütend an. Doch ihr Mut hängt von ihrer Menge ab; hierin gleichen sie den weißen Männern. Ein oder zwei Wölfe werden nie einen Mann angreifen. Sie jagen einer Büffelherde einen plötzlichen Schreck ein, um an die Kälber zu kommen; sie stürzen sich auf eine Antilopenherde, denn diese ist hilflos, aber beim Angriff auf Menschen sind sie sehr vorsichtig.«

Das waren die Lehren meines Onkels, der damals weit und breit als einer der bedeutendsten Jäger seines Stammes bekannt war.

Man setzte von allen Knaben voraus, daß sie Mühseligkeiten und Entbehrungen klaglos ertrugen. Das Kriegshandwerk der Wilden forderte von einem jungen Manne athletische Kraft und Ausdauer; er mußte zwei oder drei Tage ohne Nahrung und Wasser wandern können und durfte dabei keine Ermattung zeigen. Man forderte auch wohl einen vierundzwanzigstündigen Dauerlauf ohne die geringste Ruhepause von ihm. Er mußte ein wildes, pfadloses Land durchqueren können, ohne dabei weder tags noch nachts die Richtung zu verlieren. Das waren die Anforderungen, die man an die jungen Krieger unseres Stammes stellte.

Manchmal weckte mich mein Onkel in frühester Morgenstunde und forderte mich auf, den ganzen Tag mit ihm zu fasten. Ich mußte dieser Aufforderung folgen. Wir schwärzten unsere Gesichter mit Kohle, dann wußte jedes Kind im Dorfe, daß ich fastete. Die kleinen Versucher machten mein Leben oft zu einem wahren Jammerdasein, bis die barmherzige Sonne hinter die westlichen Hügel sank, und ich von der Qual erlöst wurde.

Ich war noch sehr klein, als mein strenger Lehrmeister frühmorgens, wenn ich noch fest schlief, neben meinem Lager laute Kriegsrufe ausstieß. Er erwartete dann von mir, daß ich mit voller Geistesgegenwart aufspränge, eine Waffe ergriffe und einen Kriegsruf als Erwiderung abgäbe. War ich schläfrig oder fuhr ich in die Höhe, ohne zu wissen, was los war, so lachte er mich aus und sagte, ich würde nie meinen Skalp teuer verkaufen. Manchmal wechselte er seine Taktik und schoß, während ich noch fest schlief, sein Gewehr dicht vor unserem Zelt ab, dabei in ein wildes Geheul ausbrechend. Nach und nach gewöhnte ich mich an diese Dinge.

Man pflegte junge Männer auf Kriegszügen, bevor es zum Gefecht kam, sorgfältig zu prüfen. Näherte man sich einem feindlichen Lager, so sandte man die Neulinge nach Wasser aus und ließ sie alles Mögliche unternehmen, um ihren Mut auf die Probe zu stellen. Deshalb pflegte mein Onkel mich an einem fremden Lagerplatz in der Dunkelheit nach Wasser zu senden. Vielleicht war das Land voll wilder Tiere, oder – konnte ich's wissen? – vielleicht schweiften gar Kundschafter feindlicher Sippen in der Nachbarschaft umher. Dennoch widersetzte ich mich nie; das wäre Feigheit gewesen. Ich suchte meinen Pfad in der Dunkelheit, tauchte meinen Eimer ins Wasser und eilte so leise und vorsichtig wie eine Katze zurück. Ich war ja nur ein kleiner Junge, und mein Herz klopfte zum Zerspringen bei jedem Knacken eines Ästleins oder dem entfernten Schrei einer Eule, bis ich endlich unser Zelt wieder erreicht hatte. Dann sagte mein Onkel wohl: »Ah, Hakada! Du bist ein richtiger Krieger«, leerte den kostbaren Inhalt des Eimers und befahl mir, zum zweiten Male zu gehen. Denkt euch, wie mir zumute war! Aber ich wollte ein Held werden, wie ihr weißen Knaben euch wünscht, einmal Juristen oder gar Präsident der Vereinigten Staaten zu werden. Schweigend nahm ich den Eimer und mühte mich, meinen Weg im Dunkeln wiederzufinden.

Man hielt bei unserem Volk sehr viel auf gute Sitte und Anstand. Erwachsene wurden von uns Kindern mit Achtung behandelt, besonders die alten Leute. Wir durften nie an ihren Unterhaltungen teilnehmen, selbst nicht einmal ohne besondere Erlaubnis in ihrer Gegenwart reden! Direkte Anrede wurde vermieden; eine Verwandtschaftsbezeichnung oder Titel statt des Namens wurden aus Höflichkeit bei Respektspersonen angewandt. Freigebigkeit gegen die Armen und Ehrfurcht vor der Religion, besonders vor dem Großen Geheimnis, waren die Grundlage aller indianischen Erziehung.

Uniona

Bis zum heutigen Tage erinnere ich mich einiger ernster Warnungen und Verhaltungsmaßregeln, die mir meine gute Großmutter mit auf den Lebensweg gab. »Bewahre dir ein stetes, starkes Herz – sei geduldig«, pflegte sie zu sagen. Sie erzählte mir von einem jungen Häuptling, den man wegen seines leidenschaftlichen Wesens hart gestraft hatte. In einem seiner Wutanfälle hatte er sich hinreißen lassen, eine Frau zu erschlagen; seine Stammesgenossen töteten ihn dafür und ließen ihn, um ihren Abscheu vor solcher Schandtat kundzutun, unbeerdigt; man bedeckte seinen Körper nur mit grünem Gras. Verlor ich jemals meine Besonnenheit, so warnte meine Großmutter: »Hakada, nimm dich zusammen, sonst geht es dir wie dem Jüngling, von dem ich dir erzählte, und du wirst auch einmal unter einer grünen Decke liegen.«

Hatte in alter Zeit ein Jüngling kriegerische Auszeichnungen errungen, so durfte er Tabak rauchen. Vorher war es ihm untersagt. Versuchte ein Jüngling, selbst wenn er bereits als tapferer Mann bekannt war, vor vollendetem zwei- oder dreiundzwanzigsten Jahr zu freien, so wurde er verhöhnt und galt trotz seines Kriegsruhms als schlechterzogener Indianer. Außerdem mußte er ein tüchtiger Jäger sein; kann doch ein Indianer nur ein guter Gatte sein, wenn er viel Wild heimbringt.

Das waren die Erziehungsgrundsätze unseres wilden Lebens.

MEINE SPIELE UND SPIELGEFÄHRTEN

Spiel und Sport

Ein Indianerknabe war Fürst der Wildnis. Arbeit gab's im Knabenalter wenig. Seine hauptsächlichste Beschäftigung war Jagd und tägliche Übung einiger weniger Kriegskünste. Sonst war er allein Herr seiner Zeit.

Wir besorgten täglich schnell, was von uns gefordert wurde, dann hatten wir freies Feld für Jagd und Spiel. Unter uns herrschte stets der größte Wetteifer; wir ahmten in Kriegs- und Jagdspielen unsere Väter nach – jeder strebte danach, alle anderen zu übertreffen.

Wohl war unser wildes Leben gefahrvoll und reich an schrecklichen Ereignissen; das hinderte uns aber nie, uns unserm Sport mit ganzer Seele hinzugeben. Wenn wir unsere Zelte morgens verließen, waren wir nie sicher, daß nicht nachmittags unsere Skalpe an einem Zeltpfahl baumelten. Wir sahen aber auch die Hirschkälbchen fröhlich hüpfen und spielen, während vielleicht die grauen Wölfe schon hinter dem Hügel hervorlugten, um über sie herzufallen und sie zu zerfleischen. Warum sollten wir es anders haben? –

Man übte im Spiel eigentlich nur, was im späteren Leben zu tun Pflicht war; unsere Spiele waren dem Leben und den Gewohnheiten unseres Volkes nachgebildet. Wir wetteiferten in Heldentaten mit Pfeil und Bogen, vollbrachten Wettläufe zu Pony und zu Fuß, übten uns in Ringkämpfen und im Schwimmen. Scheinkämpfe mit Lehmbällen und Weidenstäben waren beliebt, ebenso das kanadische Ballspiel, Bienenjagd, Schießen mit Winterpfeilen und Rodeln auf Tierknochen und Büffelfellen.

Kaum fanden sich Knaben zusammen, so teilten sie sich in Rotten und bildeten Parteien; einer sandte aufs Geratewohl einen Pfeil in die Luft, dem sofort, ehe er niederging, eine Salve von allen Teilnehmern folgte. Jeder Spieler mühte sich, der Richtung und dem Flug des führenden Pfeils so genau wie möglich mit dem seinen zu folgen, so daß er ihm beim Fallen möglichst nahe kam.

Wir pflegten nie lange zu zielen. Das war im wirklichen Leben unpraktisch, denn das Ziel war meist in Bewegung und der Jäger befand sich oft in vollem Galopp auf dem Rücken eines Ponys. Daher strebte der Indianerknabe danach, den Freihandschuß zu meistern.

Wettläufe fanden jeden Tag statt. Nachmittags trafen sich die Knaben gewöhnlich an einem See oder Fluß, und sobald die Ponys zur Schwemme geritten waren, ließ man sie eine oder zwei Stunden lang grasen. Dann sagte ein Knabe wohl zu einem Altersgenossen:

»Laufen kann ich nicht, aber zu fünfzig Schritt fordere ich dich heraus.« Ein geschlagener Held entschuldigte seine Niederlage oft damit, daß er zuviel Wasser getrunken habe.

Knaben jeden Alters spielten leidenschaftliche Kreiseln, und die kleinen roten Buben entwickelten dabei große Geschicklichkeit.

War man damit fertig, folgten die Ponywettrennen. Die

schnellsten Ponys wurden ausgesucht und die Reiter gewählt. Wollte ein Knabe nicht reiten, so verhöhnte man ihn.

Zuletzt kam das Schwimmen. Ganz kleine Buben hängten sich einfach an die langen Ponyschwänze, während die Tiere, nur mit dem Kopf über Wasser, spielend entlangglitten. Dann trieb man sie wieder auf schöne, hohe Weide, und unsere Aufmerksamkeit wandte sich anderen Spielen zu.

Das kanadische Ballspiel war ein älteres Spiel, das nur bei den Sisseton- und Santee-Sioux Brauch war. Das Hockeyspiel, in dem ein Ball mit krummen Stäben geschlagen wird (weiße Jungen spielen es zuweilen auf dem Eise), wurde nur noch bei den westlichen Sioux auf der offenen Prärie gespielt. Das Mokassinspiel war eigentlich nur für Erwachsene, wurde aber auch von Knaben gespielt.

Das Spiel mit Weidenstäben und Lehmkugeln war ein anstrengender und gefährlicher Sport. Man steckte eine weiche Lehmkugel auf die Spitze einer biegsamen Weidengerte und, wie man Äpfel von Stöcken abschnellt, so schleuderte man die Lehmkugeln mit aller Kraft von sich. Waren fünfzig oder hundert Spieler auf jeder Seite, so gab es einen heißen Kampf; alles aber, was Mut und Tapferkeit förderte, schien dem indianischen Knaben gut und reizvoll.

Ringkämpfe waren bei uns sehr beliebt. Es mag wunderlich scheinen, aber sie wurden stets von vielen, in zwei Parteien geteilten Knaben zugleich ausgeführt, wobei sich jeder seinen Gegner wählte. Die Regel erlaubte, daß sitzende Knaben zuschauen durften; solange aber einer auf dem Spielplatz stand, war er verpflichtet, einen Gegner anzunehmen. Mit der Hand durfte keiner schlagen, doch jegliches Stoßen mit Beinen, Füßen und Knien war erlaubt. Es war ein anstrengender Zeitvertreib – dem amerikanischen Fußball sehr ähnlich; nur junge Athleten konnten wirklich Freude daran haben.

Eines unserer beliebtesten Sportvergnügen war ein Kriegszug gegen wilde Bienennester. Wir bildeten uns ein, einen Angriff auf die Ojibways oder irgendeinen anderen feindlichen Stamm zu machen. In voller Kriegsbemalung schlichen wir uns vorsichtig an das Nest heran, sprangen dann plötzlich mit Kriegsgeheul auf das Bienennest los und bemühten uns, es zu zerstören. Aber allem Anschein nach waren die Bienen stets auf der Hut und wurden niemals völlig von uns überrascht, denn sie erbeuteten fast immer ebenso viele Skalpe wie wir. War der Angriff gelungen, so folgte gewöhnlich ein Skalptanz.

Als ich das erstemal solchen Bienenkriegszug mitmachte, beteiligten sich außer mir noch zwei kleine Neulinge an diesem Vergnügen. Besonders einer von ihnen war wirklich noch zu jung und zart, um an solcher Heldentat teilzunehmen. Unsere Krieger pflegten den Tod oder die Verwundung eines Feindes auf dem Schlachtfeld sofort durch lautes Rufen zu verkünden; natürlich ahmten wir Knaben diesen Brauch beim Spiele nach. Mein Freund, Kleine Wunde – ich habe seinen Namen vergessen und will ihn daher so nennen –, hatte das Nest erst erreicht, als es bereits völlig zerstört und vernichtet war. Die Insekten hatten uns mit einem scharfen Gegenangriff geantwortet und uns nach allen Richtungen hin versprengt. Der Kleine aber wollte sich nicht ohne Kriegsehre zurückziehen, sprang tapfer auf das Nest und schrie: »Ich, der tapfere Kleine Wunde, töte heute den stolzen Feind!«

Kaum hatte er die Worte ausgesprochen, als er auch schon aufschrie, als hätte man ihn gespießt. Einer der Älteren rief ihm zu: »Tauch unter! Lauf! Tauch unter!« Denn ganz in der Nähe war ein See. Er gehorchte.

Als wir wieder versammelt waren und tanzen wollten, durfte der kleine Kerl nicht mitmachen. Man betrachtete ihn als nicht anwesend, denn unsere Feinde, die Bienen, hatten ihn ja getötet. Armer kleiner Wicht! Sein verschwollenes Gesicht war so traurig, und er schaute so beschämt vor sich nieder. Er saß auf einem Baumstamm und sah unserem Tanz zu. Obwohl er sich ruhig vorstellen konnte, daß er ein edler, zur Ehre seines Landes gefallener Toter sei, mußte er sich doch eingestehen, daß er geschrien hatte, und das beschämte ihn tief.

Wir hatten auch einige friedliche Spiele, die mit den kriegerischen abwechselten. Das waren u.a. Stabwerfen und Schneepfeile. Diese Winter- oder Schneepfeile sind dünne Stäbe mit schwerer Büffelhornspitze, die über die glatte Schnee- oder Eisfläche geworfen werden. Die Spielenden müssen alle von demselben Punkte aus werfen; wessen Pfeil am weitesten fliegt oder gleitet, der gewinnt.

Im Winter wurde viel gerodelt. Zwar hatten wir keine Schlitten, sondern nur sechs oder sieben an den Längsenden zusammengebundene Büffelrippen, die aber völlig unseren Zwecken entsprachen. Manchmal wurde ein fünfviertel Meter langes, etwa fünfzehn Zentimeter breites Stück Baumrinde mit erstaunlicher Geschicklichkeit benutzt. Auf einem Ende stehend, das andere festhaltend, die glatte Innenseite der Borke nach außen gekehrt, so sausten wir die Hügel mit großer Geschwindigkeit hinab.

Kreiseldrehen war eines der höchsten Wintervergnügen. Wir machten uns herzförmig Kreisel von Holz, Horn oder Knochen und peitschten sie mit einem langen Lederriemen. Der Peitschengriff bestand aus einem etwa dreißig Zentimeter langen Stock, den wir manchmal so zurechtschnitzelten, daß er an einem Ende die Form eines Löffels erhielt. Mit diesen Kreiseln spielten zwei bis fünfzig Knaben zu gleicher Zeit. Jeder peitschte seinen Kreisel, bis er summte; dann übernahm einer die Führung, und die andern folgten in einer Art Hindernisrennen. Bedingung war, daß der Kreisel sich unausgesetzt drehte. Über Schneewälle beförderten wir unsere Kreisel in dem Löffel am Ende unserer Peitschen; über offene Eisstellen oder Schneewehen schleuderte man sie durch die Luft. Der, dessen Kreisel sich am längsten drehte, war Sieger.

Manchmal führten wir auch religiöse Tänze auf. Das war für uns, was für weiße Kinder »Kirche spielen« ist. Unser Volk hielt es für unehrerbietig, diese Tänze nachzuahmen, so mußte die Sache ganz geheim gemacht werden. Wir ahmten alle wichtigen Bräuche genau nach; man mußte, um die dramatische Handlung getreu wiederzugeben, eigentlich Schauspieler sein. Die wirklichen Tänze dauerten einen Tag und eine Nacht; das Programm war lang und wechselte oft, so daß es nicht leicht war, alle Einzelheiten gut auszuführen; Indianerkinder jedoch sind geborene Schauspieler.

Auf einem abgelegenen Platz errichteten die Knaben eine Hütte aus Tannenzweigen. An einer Ecke des Platzes wurde ein einfaches Zelt, das sogenannte »Heilige Zelt« oder Hauptquartier, vor dem sich alle Teilnehmer versammelten, aufgeschlagen. An dem dem Zelt entgegengesetzten Ende des Platzes waren die Türhüter oder Soldaten, wie wir sie nannten, aufgestellt. Die Angehörigen jeder einzelnen Familie traten in Gruppen zusammen und stellten sich in einer Reihe, ihr Gesicht dem Hauptzelt zugewandt, auf. Jeder streckte seine rechte Hand aus, der Anführer betete, und darauf nahmen alle die ihnen angewiesenen Plätze ein.

Waren diese Vorbereitungen beendet, so schlug unser Anführer eine große Trommel, und wir alle riefen feierlich: »A – ho – ho – ho!« als eine Art »Amen«. Dann kam allmählich Bewegung in den Chor, und wir fingen an zu tanzen. Man hob erst einen Fuß, dann den andern leicht in die Höhe und wiegte den Oberkörper dabei hin und her.

Jeder Knabe stellte einen bestimmten Medizinmann dar. Wir bemalten und schmückten uns genau wie er, trugen Vogelbälge, Eichkätzchenfelle, gelegentlich auch lebendige Vögel oder Talismane als Medizinmannsausrüstung; dazu als Amulette kleine weiße Muscheln oder Kieselsteine.

Dann holte man die feierlich einzuführenden Knaben heran; sie mußten sich mit großer Umständlichkeit auf ein Büffelfell oder eine Decke niederlassen. Dicht vor ihnen war der Erdboden schön geebnet, und eine alte, mit trockenen Blättern statt Tabak gefüllte Pfeife wurde vor sie hingelegt. Rundherum schmückten wir den Platz mit bunten Vogelfedern und Wacholder; wohlriechendes Gras wurde als Weihrauch verbrannt.

Wir Auserwählten, die die heilige Handlung zu vollbringen hatten, streckten dann unsere Arme aus. In den Händen hielten wir die Zauberbeutel, mit denen wir auf die neuen Mitglieder zielten. Nachdem wir sie viermal geschwungen, schossen wir plötzlich damit vorwärts, ließen sie aber dabei nicht los. Die Neulinge fielen wie tot auf ihre Gesichter. Schnell geriet der Chor in lebhafteste Bewegung, und alles vereinte sich zum Tanz um die gespielten Toten, über die die Mädchen, zum Zeichen, daß sie begraben seien, ihre Decken breiteten. Zum Schluß erweckten wir sie mit unseren Zauberformeln wieder zum Leben und führten sie auf ihre Plätze im Zuschauerkreis.[18]

Ich wurde bei diesen Gelegenheiten oft zum Vorsänger gewählt. Da ich eine Menge Zaubergesänge kannte und auch ein ganz fähiger Schauspieler war. Meine Großmutter, die ein hervorragendes Mitglied der geheimen Schamanen oder Zaubergesellschaft vom Zeichen der Schildkröte war, warnte mich, als sie von diesen frevelhaften Scherzen, wie sie sie nannte, hörte. Käme einer der Medizinmänner hinter unser Tun und Treiben, so würde er mich entsetzlich strafen und alle meine Glieder langsam verschrumpfen lassen.

Natürlich spielten wir auch gelegentlich »Weißer Mann«. Unsere Kenntnisse von den Weißen waren beschränkt, doch wußten wir, daß sie, wenn sie kamen, allerlei Güter brachten und Waren gegen unsere Pelze eintauschten. Wir wußten auch, daß ihre Gesichtsfarbe hell war, daß sie auf dem Kopfe kurzes und im Gesicht langes Haar trugen, mit Röcken, Hosen und Hüten bekleidet waren und am Tage keine Decken, wie wir Indianer, trugen. Das war so etwa das Bild, das wir uns von den Weißen gemacht hatten.

Zwei oder drei von uns bemalten wir mit weißem Ton, setzten ihnen Hüte aus Birkenrinde, die wir für diese Gelegenheit genäht hatten, auf, befestigten ein Stück Pelz am Kinn als Bart und änderten im übrigen ihre Gewandung so gut wir konnten. Weiße Birkenrinde stellte ihre weißen Hemden vor. Ihre Ware bestand aus Sand für Zucker, wilden Bohnen für Kaffee, getrockneten Blättern für Tee, feiner Erde für Pulver, Kieselstein für Bleikugeln und reinem Wasser für den gefährlichen Alkohol. Wir handelten mit kleinen Vogelbälgen, Eichkätzchen- und Kaninchenfellen um diese Waren.

Wollten wir Büffeljagd spielen, so sandten wir einige gute Läufer mit einem kleinen Vorrat Fleisch auf die Prärie hinaus; ein paar gleich schnelle, gewandte Knaben folgten ihnen, jagten sie und versuchten, das Fleisch zu erbeuten.

Wir trieben einmal diesen Sport während einer richtigen Büffeljagd. Plötzlich raste ein riesiger Büffel mitten in unserem Spiel auf uns zu; wir hatten keine Ahnung gehabt, daß uns die Jagd so nahe war, und unser Spiel endete mit großem Schrecken. Glücklicherweise war ganz in der Nähe ein Wald, und wie eine Brut junger Präriehühner verschwanden wir schleunigst unter den Bäumen; einige verkrochen sich in den Büschen, andere suchten auf den großen Bäumen Zuflucht.

Im Wasser zu spielen gewährte uns das größte Vergnügen. Hatten wir keine Ponys, so schwammen wir um die Wette oder bauten uns Flöße und kreuzten damit Seen und Flüsse. Es war Brauch, kleine oder furchtsame Knaben unterzutauchen oder sie in tiefes Wasser zu werfen, damit sie sich herausarbeiteten, so gut sie konnten.

Ich erinnere mich noch sehr wohl einer gefährlichen Fahrt, die ich mit einem Genossen auf einem steuerlosen Holzklotz machte; wir waren beide noch nicht sieben Jahre alt. Die älteren Knaben hatten uns auf dieses unsichere Fahrzeug gesetzt und in den reißenden Strom hinausgestoßen. Wie mein Leidensgefährte darüber dachte, weiß ich nicht; ich für meine Person würde lieber täglich einen wilden Mustang reiten, als auf einem zu kleinen Holzklotz einen tosenden Fluß durchqueren. Noch heute weiß ich nicht, wie wir damals glücklich davonkamen und das Ufer erreichten.

Für wilde Tiere hatten wir eine besondere Vorliebe. Einige Knaben hatten sich junge Füchse, Bären, Wölfe, Waschbären, Hirschkälbchen, Büffelkälber und allerlei Vögel gezähmt. Meine Lieblinge wechselten. Einmal besaß ich einen jungen Grislybär, mit dem ich zwar sehr gut auskam, doch weiß ich nicht, ob er mir oder ich ihm mehr Feinde verschaffte. Jeden Knaben, der mich ärgerte, behandelte er schlecht. Er wurde wegen seines Betragens gefürchtet, und ich wurde wegen seiner gelegentlichen Angriffe gehaßt.

Meine Spielgefährten

Mit meinem Bruder Tschatanna verlebte ich den größten Teil meiner frühesten Kindheit. Als ich alt genug war, um mit Knaben zu spielen, war er mein treuester Gefährte. Er war ein hübscher Knabe und zärtlicher Kamerad. Wir spielten, aßen und schliefen zusammen, und da Tschatanna drei Jahre älter war als ich, empfand ich naturgemäß seine Überlegenheit.

Oiseda[19] war meine Cousine. Sie war vier Jahre jünger als ich und ein prächtiges kleines Mädchen. Vielleicht steht mir keiner meiner jugendlichen Spielgefährten so lebhaft vor Augen wie sie.

Ein bedeutender Medizinmann hatte ihr eigentlich den Namen Maka-voise-topa-win verliehen. Man kürzte ihn und rief sie einfach Oiseda.

Sie hatte eine sehr gute Mutter, trotzdem war aber Untschida ihre eigentliche Lehrerin und Erzieherin. Meine Großmutter brachte ihr, die eine gelehrige Schülerin war, die Kenntnisse bei, die sie für ein Mädchen als nötig erachtete. War ich nicht mit Tschatanna in den Wäldern, so spielte ich mit Oiseda daheim; kehrte ich abends vom Spiel zurück, so wollte sie Hunderte von Fragen von mir beantwortet haben. Entweder waren es Fragen aus unserem täglichen Leben oder auch schwierige Dinge, die ihrem regen kleinen Geist aufgegangen waren. Was sie auch am Tage erlebt haben mochte, ich wurde alsbald davon in Kenntnis gesetzt.

In manchen Dingen war ich für Oiseda vollkommene Autorität; ich habe sie oft zu ihren Freundinnen sagen hören: »Es ist wahr; Ohijesa hat's gesagt.« Teilweise war daran Untschida schuld, denn handelte es sich um Fragen, die im Bereich männlicher Beobachtung lagen, so pflegte sie wohl zu sagen:

»Ohijesa müßte das wissen; er ist ein Mann, ich nicht! Du mußt ihn fragen.«

Gewöhnlich wurde ich dann in derselben Weise mit gewissen Fragen an Klein-Oiseda gewiesen, und ich nahm ihre kindliche Auseinandersetzungen völlig ernst, kannte ich doch ihrer Weisheit Quelle. So wurden wir auf die einfachste Weise zu gegenseitigen Lehrern.

Sehr oft besprachen wir eine Aufgabe mit unserer gemeinsamen Lehrerin oder beantworteten ihre Fragen zusammen, um ihr zu zeigen, wer am tüchtigsten sei.

»Zu welchem Stamme gehört die Eidechse?« fragte Untschida eines Tages.

»Zum vierbeinigen Stamm«, rief ich.

Oiseda platzte schnell, wie immer, mit der Antwort heraus: »Sie gehört zum kriechenden Stamm.«

Die Indianer teilten alle Tiere in vier allgemeine Klassen: Die auf vier Beinen gehenden Tiere, die fliegenden, die mit Flossen schwimmenden und die kriechenden Tiere.

Ich bemühte mich natürlich, meine Behauptung zu verteidigen, hat doch die Eidechse zweifellos vier Beine, mit denen sie sich auf der Erde oder im Wasser fortbewegt. Meine kleine Gegnerin bestand darauf, daß das umstrittene Geschöpf nicht ginge, sondern kröche. War mein stärkster Beweis, daß sie vier Beine hat, so bestand Oiseda darauf, daß der Körper der Eidechse bei der Bewegung den Boden berühre. Zuletzt lief ich davon, um eine zu suchen und durch den Augenschein die Frage klarzustellen.

Als die Eidechse da war, ebneten wir den Boden und streuten Asche darauf, um ihre Spur verfolgen zu können. Dann warf ich die Frage auf:

»Was heißt kriechen und was heißt gehen?«

Untschida war Richterin und erklärte sofort, daß ein Tier, wenn es zum vierbeinigen Stamm gerechnet werden solle, mit seinen vier Beinen ohne jegliche andere Stütze auf der Erde gehen müsse. Ein Kriecher hingegen, einerlei, ob er Beine habe oder nicht, schleife mit seinem Körper auf der Erde. Als ich diese Entscheidung hörte, gab ich sofort meiner kleinen Gegnerin recht.

Ein andermal, als ich um einer ähnlichen Sache willen mit meinem Bruder Tschatanna verschiedener Meinung war, kam mir Oiseda zu Hilfe. Unsere Großmutter hatte uns gefragt:

»Welcher Vogel hat für die Pflege seiner Jungen am meisten Verständnis?«

Tschatanna antwortete schnell:

»Der Adler!« Ich zögerte einen Augenblick, kamen mir doch so viele Vögel in den Sinn; endlich aber sagte ich:

»Der Pirol!«

Tschatanna mußte nun erklären, warum er den Adler für den besten Versorger seiner Jungen halte. Er fing mit zuversichtlichem Ausdruck an:

»Der Adler ist von allen Vögeln der klügste. Er baut sein Nest auf dem sichersten Platz, auf hohem, uneinnehmbarem Felsen. Er versorgt seine Jungen reichlich mit frischem Fleisch. Sie haben die reinste und beste Luft. Sie werden angesichts der großartigen Natur aufgezogen, und ihre Eltern geben ihnen die besten Beispiele an Kühnheit und Tapferkeit. Täglich sehen sie, daß alle anderen Wesen unter ihnen leben, daß sie die Kinder des Königs der Vogelwelt sind. Ein junger Adler zeigt von frühester Jugend an schon im Nest kriegerischen Geist.

Die jungen Adler sind jeder Unbill der Witterung ausgesetzt und daher sehr abgehärtet. Sie sind das Donnern des Donnervogels[20] und das Seufzen des Großen Geheimnisses gewohnt. Wie glücklich müssen sie sein, wenn sie so hoch über den Wolken die Zickzackblitze um sich herum leuchten sehen! Wie herrlich muß ihnen in ihrem kühlen Heim bei Sommersglut ein Stück frisches Fleisch schmecken! Die Knochen ihres verspeisten Wildbrets lassen sie dann herunterfallen, damit Wölfe und Geier sich von ihrem Überfluß sättigen. Das allein schon würde genügen, um ihnen ihre Überlegenheit über alle andern Vögel zum Bewußtsein zu bringen. Hab ich nicht recht, Großmutter?« so schloß er triumphierend seine Verteidigungsrede.

Zuerst war ich von Tschatannas großartiger Rede ganz benommen, erholte mich aber bald von dem Eindruck. Klein-Oiseda kam mir zu Hilfe und sagte: »Wart nur, bis Ohijesa von der Lieblichkeit des schönen Pirolnestchens erzählt!« Diese schüchterne Bemerkung gab mir Mut, und ich begann:

»Meine Großmutter erzählte einmal, daß eine mit süßer und zarter Stimme begabte Mutter gute Kinder haben würde. Das trifft auch bei dem Pirol zu. Er ist besorgt um Sonnenschein und Schatten für seine Jungen. Sein Nest hängt von dem schönsten Zweig des anmutigsten Baumes herab und wird durch sanfte Winde gewiegt. Gestern fanden wir eins; es war köstlich tief und weich ausgepolstert, damit die kleinen, federlosen Vöglein nicht von Kälte und Nässe leiden.«

Da unterbrach mich Tschatanna: »So machen's die Weißen – wer fragt nach denen? Der Adler gewöhnt seine Jungen, gleich jungen Kriegern, an Abhärtung.«

Da war ich böse und machte meinem Bruder Vorwürfe. Dann wandte ich mich an Untschida und klagte, daß ich noch nicht fertig sei.

»Aber Tschatanna, hätte man dich schon als kleines Kind so rauh behandelt, so lebtest du nicht mehr. Der Pirol zeigt in der Wahl eines guten und bequemen Nestes für seine Jungen große Weisheit! Ein Heim auf hohem Fels wäre nicht schön, es wäre zu kalt. Einmal bestiegen wir einen Berg, wie kalt war es dort oben! Wer mochte dort beim Sturm aushalten? Was liegt für Weisheit darin, auf nacktem Fels einen Haufen grober Stäbe, umgeben von übelriechenden Tierknochen, als Heimat zu haben? Mein Onkel sagt, die Adler seien oft halbtot vor Hunger. Du weißt, wer nur von der Beute anderer lebt, wird zuweilen mit einem Adler verglichen; es soll heißen: er ist ein Schmarotzer[21].

Der Pirol hängt sein Nest an die niedrigere Seite eines waagerechten Zweiges, so kann kein Feind heran. Dort ist Friede, Schönheit und Sicherheit.«

Oiseda stand die ganze Zeit neben Ohijesa und flüsterte ihm gelegentlich etwas ins Ohr. Diesmal entschied Untschida zu Ohijesas Gunsten.

Einen Winter hatten wir sehr wenig zu essen. Mein Onkel, unser einziger Ernährer, war krank; außerdem waren wir von unserem Clan getrennt und in einer Gegend, in der es sehr wenig Wild gab. Oiseda hatte ein Lieblingseichkätzchen, und sobald unsere Nahrung knapp wurde, gab sie ihm von ihrem Anteil ab.

Die Lebensmittel wurden aber immer knapper, und da die Aussicht auf neue Eßvorräte schlecht war, bestimmte meine Großmutter zögernd, daß das Eichkätzchen geschlachtet werden müsse. Da weinte meine kleine Cousine bitterlich, umschlang ihr Tierchen zärtlich und sagte:

»Warum können wir denn nicht alle zusammen Hungers sterben? Meines Eichhörnchens Leben ist ihm geradesoviel wert wie uns das unsrige.« Glücklicherweise kam noch rechtzeitig Hilfe, die ihrem Liebling das Leben rettete.

Oiseda lebte einen Teil des Jahres ganz bei uns; und da sie das einzige Mädchen in der Familie war, mußte sie viel allein spielen. Sie schuf sich in ihrer Phantasie Gefährten. So hatte sie zum Beispiel einen kleinen Weidenbaum, den sie regelmäßig besuchte und mit dem sie sich unterhielt. Später erfuhr ich teilweise den Inhalt dieser Gespräche. Sie sagte, die Weide sei ihr Gatte, den ein Magier verzaubert habe; kein Erwachsener durfte jedoch dieses Geheimnis kennen.

Als ich etwa acht Jahre alt war, hatte ich den Adoptivsohn eines Sioux, einen weißen Gefangenen, als Spielgefährten. Dieser Knabe war, obwohl er erst zehn oder elf Jahre zählte, eine bekannte Gestalt. Ich lernte ihn zuerst am oberen Missouri kennen. Er erzählte mir, daß man ihn in der Prärie gefangen habe und daß seine Eltern getötet worden seien.

Zuerst war er traurig und fühlte sich verlassen, doch bald fand er viel Ersatz und Trost in der neuen Heimat. Sein Adoptivvater hieß: Er-behält-die-gescheckten-Ponys[22]. Er war als Besitzer einer ungewöhnlich großen Anzahl schöner, scheckiger Ponys bekannt und liebte es sehr, schöne Pferde, bemalte Zelte, Prunksättel und allerlei sonstige Luxusgegenstände zu erwerben.

Seinen einzigen Sohn hatte er verloren; so wurde der kleine Weiße der Bruder von zwei hübschen Mädchen, seinen Töchtern. Das machte ihn unter den jungen Kriegern beliebt. Er übernahm mit Leichtigkeit die indianische Lebensweise und lernte in kurzer Zeit die Siouxsprache.

Ich erinnere mich sehr wohl, wie von seinen ersten Kriegserfahrungen die Rede war. Er war kaum sechzehn Jahre alt, als er an einem Kriegszug gegen die Gros-Ventres und Mandanen[23] teilnahm. Mein Onkel erzählte, daß er sich zuerst sehr tapfer benommen habe; dann aber sei er am Fußgelenk verwundet worden und habe mit Tränen gefleht, man möge ihn an einen sicheren Ort bringen. Zum Glück für ihn kam ihm sein Adoptivvater zu Hilfe und brachte ihn mit eigener Lebensgefahr in Sicherheit. Man nannte ihn den weißen

Indianer. Gesicht und Haar, das sehr lang wurde, färbte er, damit keiner Verdacht hegen sollte, daß er ein Weißer sei.

Eines Tages spielte dieser Knabe mit einem Siouxkrieger ein Glücksspiel. Er war ein schlauer Spieler, der dem Indianer alles abgewann. Plötzlich fingen sie an zu streiten. Der Indianer war sehr böse, als er bemerkte, daß sein Mitspieler ihn hintergangen hatte. Damals waren die Indianer noch völlig ehrlich, selbst im Spiel.

Der Knabe erklärte, er habe nur zum Besten seines Freundes einen Trick ausgeübt; das hätte ihm aber beinahe das Leben gekostet. Der gekränkte Krieger hatte bereits den Bogen gespannt, mit der Absicht, den Knaben niederzuschießen, als ein Dritter dazwischen trat und ihm das Leben rettete. Mitten in der Verwirrung kam der alte Er-behält-die-gescheckten-Ponys in großer Erregung angelaufen. Er glaubte, sein weißer Sohn sei getötet worden. Als er die Lage übersah, gab er dem beleidigten Krieger ein Pony, »damit«, wie er sagte, »kein Schatten zwischen ihm und seinem Sohn stehe«.

An einem schönen Frühlingstage nahm mein Onkel Tschatanna mit zum kanadischen Handelsplatz am Assiniboinefluß. Er tauschte dort seine Pelze gegen Pulver und allerlei nützliche Waren ein. Als er heimkam, brachte er meinen Bruder nicht wieder mit. Meine ersten Befürchtungen, als ich meinen Onkel allein kommen sah, erfüllten sich glücklicherweise nicht. Ein Kanadier, mit dem mein Onkel viel handelte, hatte sechs Töchter, aber keinen Sohn. Als er Tschatanna, diesen hübschen, klugen und gewandten Jungen, sah, wollte er ihn an Sohnes Statt annehmen.

»Ich habe in meiner Familie keinen Knaben«, sagte er, »und will ihn wie mein eigen Kind halten. Da ich stets in diesen Gegenden Handel treibe, so könnt ihr ihn zwei- bis dreimal im Jahre wiedersehen.«

Weiterhin versicherte er meinem Onkel, daß der Besitz des Knaben eine gute Bürgschaft für ihre Freundschaft sein würde. Zuerst war Tschatanna sehr unwillig, doch wir waren gewöhnt, unseren Eltern unbedingten Gehorsam zu leisten, und so mußte er nachgeben.

Das war für mich ein schwerer Schlag, über den ich mich lange nicht trösten konnte. Untschida teilte meinen Kummer. Sie behauptete, daß des weißen Mannes Erziehung ihrem Knaben nicht zuträglich sei, und drängte deshalb ihren Sohn, Tschatanna wiederzuholen. Der Onkel versprach, ihn bei seiner Reise zum Handelsplatz wieder mitzubringen.

Aber der Händler war ein schlauer Mann. Er zog sofort in einen anderen Landesteil, und niemals sah ich meinen Tschatanna, den Gespielen meiner Kindheit, wieder. Später hörten wir, daß er verheiratet sei; eines Tages aber verirrte er sich bei einem Schneesturm und erfror.

In späteren Jahren besuchte ich mit meiner kleinen Cousine zusammen die Schule; sie konnte jedoch die Enge des Schulzimmers nicht vertragen. Scheinbar war sie sehr glücklich, doch litt sie außerordentlich unter dem Wechsel, da ihr das Leben in einem Hause unerträglich war. So ergeht es wohl manchem unseres Volkes. Sie starb ein halbes Jahr nach unserer Rückkehr in die Vereinigten Staaten.

Der Knabe als Jäger

Das Leben eines indianischen Jägers ist bezaubernd. Es schärft und beherrscht alle seine Sinne; das kann man ohne Übertreibung behaupten. Von dem Augenblick an, da er seine einfache Behausung hinter sich läßt, verliert sich sein empfänglicher Geist in den zahllosen Schönheiten und Wundern der Natur. Dennoch vergißt er, wie sehr ihn auch die Jagd in Anspruch nehmen mag, niemals die persönliche Gefahr, die ihm von einem lauernden Feinde oder wilden Tiere drohen könnte.

Der Indianerjüngling ist ein geborener Jäger. Jeder Schritt, jede Bewegung drückt eine angeborene Würde, aber auch eine immer wachsame Vorsicht aus. Sein mit Mokassins beschuhter Fuß tritt, wie die samtne Pfote einer Katze, völlig geräuschlos auf; seinen glänzenden, schwarzen Augen entgeht kein Gegenstand, kein Vogel und kein Tier, das in ihre Nähe kommt.

Ich war kaum drei Jahre alt, als ich eines Morgens vor unserem Büffelhautzelt mit Pfeil und Bogen in den Händen dastand und zu den Bäumen hinaufschaute. Mit aller Macht erwachte plötzlich in mir der Trieb, zu töten und zu jagen. Gerade flog ein Vogel über meinem Kopfe hin, dann kam mir ein anderer in Sicht, der sich auf einem schwanken Zweige wiegte. Alles um mich her war vergessen, ich fühlte in dem Augenblick zum ersten Male, daß ich Jäger war.

Zwischen den Indianerknaben, die auf offener Prärie, und denen, die in Wäldern aufwuchsen, war beinahe ein so großer Unterschied wie zwischen den Stadt- und Landkindern unter den Weißen. Auf der Prärie gab es nur wenig jagdbare Tiere, daher waren die Naturkenntnisse der Prärieindianer unvollkommen. Sie waren meist gute Reiter. In bezug auf ihre körperliche Entwicklung standen sie jedoch dem roten Mann der Wälder weit zurück.

Feuer verschafften wir uns mittelst eines Feuersteins, eines schwammigen Stückchen Holzes und Steins zum Schlagen. Dies war aber nicht die einzige Art, Feuer anzufachen. Manche Knaben setzten sich in einen Kreis und rieben zwei schwammige Holzstückchen gegeneinander, bis sie Funken fingen.

Für gewöhnlich jagten wir gemeinsam, doch ging man auch oft ganz allein in die Wälder und unterhielt sich dabei aufs beste. Unsere Jagdbeute bestand meistens aus kleinen Vögeln, Kaninchen, Eichhörnchen und Birkhühnern. Gab es Fische, so stellten wir auch ihnen nach. Fischleinen wurden von wildem Hanf, Roßhaar oder Sehnen hergestellt. Entweder fingen wir die Fische mit Leinen, legten ihnen Schlingen oder spießten sie, schossen sie aber auch gelegentlich mit Pfeil und Bogen. Manchmal dämmten wir Bäche ab und trieben die größeren Fische in zu dem Zwecke eigens verfertigte Weidenkörbe.

Wir beobachteten alle Spuren von Leben in den Wäldern, besonders alles, was uns neu und fremd erschien. Hatte ein Vogel Blätter von der Erde gekratzt oder ein Bär sich zur Morgenmahlzeit eine Wurzel ausgezogen, so hielten wir an und überlegten, um welche Zeit das wohl gewesen sein könnte. Sahen wir einen großen, alten Baum mit Schrammen an der Rinde, zogen wir daraus den Schluß, daß dort ein Bär oder auch ein paar Waschbären hausten. Wir gingen dann nicht näher heran, als nötig war, meldeten aber die Sache daheim. Eine alte Wildspur löste eine lebhafte Besprechung aus; man versuchte zu bestimmen, ob es eine Bock- oder Hirschkuhspur sei. Gewöhnlich trafen wir uns nachmittags und verglichen unsere Beute, um uns die charakteristischen Merkmale derselben klarzumachen. Die Jagd war für uns gleichzeitig ein Studium des Tierlebens. Wir beobachteten uns gegenseitig aufs schärfste und wußten daher genau, wer der beste Schütze unter uns war. Es tut mir leid, aber ich muß doch bekennen, daß wir sehr grausam gegen Vögel waren. Wir nahmen ihnen oft ihre Eier und Jungen fort. Mein Bruder Tschatanna und ich hatten einmal auf der Vogeljagd ein unangenehmes Abenteuer. Wir fingen im Sommer junge Gänse und Enten mit den Händen und fanden dabei einmal unvermutet ein Kranichnest. Natürlich waren wir hoch erfreut über unser Glück. Da wir bereits Hochsommer hatten, waren die jungen Kraniche, zwei an der Zahl, schon ziemlich groß und standen etwas weit ab vom Nest. Die beiden Alten standen in einem sumpfigen Grunde nahe dabei. Es war Mauserzeit, und wir glaubten daher nicht, daß sie sich auf trockenes Land wagen würden. So jagten wir die jungen Vögel; da sie aber schon sehr gut liefen, dauerte es einige Zeit, bis wir an sie herankamen.

Währenddessen hatten die Eltern das Geschrei ihrer Jungen gehört und waren ihnen zu Hilfe geeilt. Sie jagten uns, während wir ihre Jungen verfolgten. Es war wirklich ein gefährliches Unternehmen. Schließlich errangen wir über die wütenden Tiere den Sieg, aber kaum je wagten wir uns später wieder an ein Kranichnest. Beinahe alle Vögel bieten Widerstand, wenn man ihre Eier oder Jungen antastet; von selbst greifen sie jedoch selten Menschen an.

Wir kletterten zuweilen auf hohe Bäume, um allerlei Vögel zu erbeuten; junge Eulen versuchten wir aber nie zu fangen, es sei denn, daß wir sie auf der Erde gefunden hätten. Der Uhu ist unter solchen Umständen besonders gefährlich.

Einmal versuchte ich einen Grünspecht in seinem Nest zu fangen; mein Arm wurde in dem tiefen Loch so fest eingekeilt, daß ich ihn nicht ohne Hilfe eines Messers herausbekommen konnte. Wir waren aber sehr weit vom Hause, und mein einziger Gefährte war ein kleiner taubstummer Vetter. Ich hing etwa fünfzig Fuß hoch an einem Baum in einer sehr unbequemen Stellung und mußte über eine Stunde so warten, bis er mir das Messer brachte und ich mich damit befreien konnte.

Beim Fallenstellen für kleine Tiere hatten wir meist Erfolg; die Art und Weise unseres Fangens war freilich roh. Wir suchten zum Beispiel eine Menge großer, scharfer Kletten und streuten sie in die furchenartige Fährte des Kaninchens. Morgens fanden wir dann den kleinen Schelm ruhig in seiner Fährte sitzen, völlig unfähig, sich zu bewegen, denn die Kletten hatten sich in seinen Füßen festgesetzt. Kaninchen und Birkhühner fingen wir meistens in Roßhaarschlingen. Wir machten sie an der Spitze eines biegsamen, jungen Baumes gut fest, bogen ihn bis zur Fährte herab, richteten die Schlinge und legten das Ganze mit einer Ziehschleife fest. Fuhr das Kaninchen mit dem Kopf durch die Schlinge, so riß es die Ziehschleife auf und wurde sofort durch den hochschnellenden Baum emporgeschleudert.

Das Vergnüglichste von allem war vielleicht die Erdeichhornjagd. Wir töteten diese Tierchen, wann und wo wir sie fanden, die eigentliche Jagdzeit aber war März. Nach dem ersten Tauwetter arbeiteten sich die Erdeichhörnchen ein Loch durch die Schneekruste und erschienen wieder im Freien. Manchmal kamen wohl fünfzig auf einmal und hielten eine Versammlung ab. Diese Versammlungen fanden vor Tagesanbruch, etwa bis neun Uhr, statt.

Das lernten wir Knaben mit anderen Naturgeheimnissen und hielten unsere stumpfen Pfeile zur Erdeichhornjagd bereit. Gewöhnlich zogen wir in Gruppen von sechs, zwölf oder fünfzehn Knaben aus und waren gespannt, welchem Trupp nachher die reichste Beute zuteil werden würde. Abends vorher wählten wir einige Knaben, die den Erdeichhornruf auf Strohhalmen am besten nachahmen konnten; jeder von ihnen rüstete sich mit einem guten Vorrat von Halmen aus.

In jener Jahreszeit trug der Schnee die Knaben noch sehr gut. Fröhlich und frühzeitig trafen sie sich am verabredeten Ort, von dem jede Gruppe in anderer Richtung ausrückte, nachdem man verabredet hatte, wo man sich bei einem bestimmten Sonnenstand wieder treffen wollte.

Auf mein erstes derartiges Erlebnis besinne ich mich noch sehr gut. Es war ein schöner, frischer Märzmorgen, und die Sonne war noch nicht hinter den fernen Baumwipfeln emporgestiegen, als wir schon durch den dämmernden Wald eilten. Plötzlich kamen wir an einen Platz mit vielen Tierspuren. Jeder von uns wählte sich einen Baum und stellte sich hinter ihn. Der Erdeichhornrufer saß so still wie möglich auf einem Baumstumpf und fing an zu locken.

Bald hörten wir auf dem harten Schnee das Getrappel kleiner Füße und sahen die Erdeichhörnchen von allen Seiten herbeieilen. Einige warteten unschlüssig, weil sie sich über die Richtung des Rufes nicht klar waren, während die meisten hintereinanderherjagten.

In wenigen Minuten war der Erdeichhornrufer von ihnen belagert. Einige jagten über ihn hin, andere unter ihm durch oder an dem Baum, an dem er saß, aufwärts. Wir alle blieben unbeweglich, bis der Anführer das Zeichen gab; dann erhob sich lautes Geschrei, und die Erdeichhörnchen fuhren erschreckt auf die nahen Bäume.

Nun begann das Schießen. Die kleinen Geschöpfe schienen sich ihrer hoffnungslosen Lage bewußt zu werden; immer wieder versuchten sie, von den Bäumen herabzuklettern, um den tödlichen Pfeilen der jugendlichen Jäger zu entfliehen. Aber sie wurden schnell abgeschossen. Kletterten wirklich einige abwärts, so umfaßten die kleinen Rothäute den Baum und schrien aus Leibeskräften, um sie wieder hinaufzujagen.

Wir schossen stets gegen den Baumstamm, damit der Pfeil gegen uns zurückprallte; hätte einer es anders gemacht und seinen Vorrat an Pfeilen verschossen, so wäre er bald hilflos gewesen und ein anderer, der mit seinem Baum bereits fertig war, hätte ihm seine Jagdbeute fortgenommen. So war stets ein reger Wetteifer unter uns. Manchmal sprang ein verzweifeltes Erdeichhörnchen von einem Baumgipfel herab auf den Boden und entkam. Dann wurde der Knabe, dem es entfloh, ausgelacht. Endlich waren alle tot oder geflohen; wir wandten uns dann einem anderen Ort zu und trieben unsere Jagd bis Sonnenaufgang, so lange, wie noch Erdeichhörnchen unserem Rufe folgten.

Draußen auf der Prärie hatten wir einen anderen, weniger lebhaften Sport. Wir fingen und jagten dort kleine Tiere, auch den Präriehund, entweder mit Roßhaarschlingen oder mit Pfeil und Bogen. Einmal legte ein kleiner Knabe eine Schlinge für einen Präriehund und legte sich, die Schnur in der Hand, unweit des Loches flach auf den Boden nieder. Bald fühlte er, daß sich etwas bewegte; er zog an und hatte eine große Klapperschlange gefangen. Bis auf den heutigen Tag nennt man ihn: Er-fing-die-Klapperschlange. Man bekam sehr oft auf diese Weise einen neuen Namen. Ein anderes Mal spielten wir im Walde und fanden die Spur eines Hirschkalbes. Wir folgten ihr und fingen das schlafende Tierchen; bei dem Versuch, es fortzubringen, schlug es aus und traf einen Knaben, der sofort Vom-Hirschkalb-getreten genannt wurde.

Wir mußten die Zubereitung unserer Mahlzeiten auf der Jagd selbst besorgen. Wohl ist es wahr, daß die Indianer die Leber und andere Körperteile großer Tiere roh verspeisen, Vögel oder Fische essen sie hingegen nie ungekocht. Einen

Frosch oder Aal essen sie überhaupt nicht. Unsere Knabenjagden führten uns oft sehr weit von unseren Zelten ab; wir zündeten uns dann ein Feuer an und kochten uns etwas von unserer Beute.

Gewöhnlich rösteten wir uns am Stock über Kohlen ein Stück Fleisch oder brieten es über offenem Feuer. Am besten röstet man Fische und Vögel in der Asche unter einem großen Feuer. Wir nahmen frische Fische aus einem See oder Flüßchen, fachten ein tüchtiges Feuer auf Sandboden an und gruben die Tiere tief in die sandige Asche ein. Ebenso machten wir es mit Vögeln, doch näßten wir erst das Gefieder. War das Tier fertig geröstet, so streifte man Schuppen, Federn und Haut vollständig ab; das köstliche Fleisch behielt so all seine Würze und Säfte. Beim Essen rissen wir das Fleisch herunter und ließen die Knochen unberührt.

Unser Volk konnte ohne Töpfe und Kessel kochen. Ein großes Kaldaunenstück wurde sorgfältig gewaschen, an den vier Enden an Pfählen festgebunden, die in die Erde gesteckt waren, und mit kaltem Wasser gefüllt. In diesen Behälter tat man das Fleisch und legte rotglühende Steine dazu, die das Kochen besorgten.

Tschatanna war ein guter Jäger. Er konnte mit einem dünnen Blättchen Birkenrinde, welches zwischen zwei flache Stäbchen gespannt war, Hischkuh und -kälbchen herbeirufen. Eines Morgens fanden wir die Spur einer Hirschkuh und ihres Kälbchens, die etwa eine Stunde zuvor den Platz gekreuzt hatten, denn der Tau war vom Gras gestreift.

»Was tun wir?« fragte ich. »Sollen wir zurücklaufen und Onkel mit seinem Gewehr holen?«

»Nein, nein!« rief Tschatanna. »Hat man nicht Wild und Büffel erlegt, längst ehe es Gewehre gab? Wir locken sie her, und während sie verdutzt dasteht, werfe ich ihr meinen Lasso über den Kopf.«

Kaum hatte er ein wenig gerufen, als das Kälbchen sich aus dem Dickicht herauswagte und, lieblicher als ein Bild, vor uns stand. Da übernahm ich das Rufen, und es spitzte seine tabakblättrigen Ohren zu mir hinüber. Tschatanna warf den Lasso. Es schrie, sprang hoch und riß den Knaben um. Immer wieder warf es sich verzweifelt in die Höhe, aber endlich gelang es uns doch, es an den nächsten Baum zu führen und sicher anzubinden.

»Geh«, sagte er zu mir, »hole unsere Lieblinge, wir wollen einmal sehen, was die für Augen machen werden.«

Damals besaß Tschatanna einen ziemlich großen, schwarzen, halbgezähmten Bären; ich hatte einen jungen roten Fuchs und meinen treuen Hund Ohitika, den Schrecklichen oder Tapferen. Ich machte Tschagu, den Bären, und Uanahon, den Fuchs los, während Ohitika sich aufrichtete und mich mit vertraulichem Schwanzwedeln begrüßte.

»Los alle drei«, rief ich, »'s gibt was Feines zu sehen!« Ich glaube, sie verstanden mich. Tschagu zerrte mit beiden Tatzen an seinem Seil, und Uanahon unterwühlte das Bäumchen, an das ich ihn gebunden hatte.

Weit voran jagte Ohitika und heulte vor Vergnügen, so daß die beiden wilden Gesellen mich beinahe umrissen, als sie mich durch das Unterholz hinterher zerrten. Tschagu war sehr vorsichtig; er ging, als ob er Splitter in den Sohlen hätte; Uanahon schnüffelte unausgesetzt am Boden hin.

So kamen wir an die Lichtung. Da stand das kleine unschuldige Rehkalb vor den drei Landstreichern. Es zitterte heftig beim Anblick der bunten Gruppe. Die beiden menschlichen Landstreicher schienen ihm sicher ebenso schlecht wie die tierischen. Tschagu schaute es mit einem Gemisch von Neugier und Verachtung an; Uanahon hingegen stand wie angewurzelt und überlegte wohl, wie er es am besten packen könnte. Aber Ohitika, der großmütige Ohitika bellte bloß zum Spaß. Ihm lag nichts daran, das unschuldige Tierchen in seine Gewalt zu bringen.

Plötzlich sprang das Kälbchen hoch in die Luft und schlug dann mit seinem niedlichen Köpfchen auf die Erde nieder.

»Ohijesa, das Hirschkälbchen ist tot«, rief Tschatanna, »und wie gern wollte ich es behalten!«

»Es ist 'ne Schande!« stimmte ich ein.

Wir fünf Schuldigen umstanden das kleine tote Tier und sahen alle sehr traurig aus; selbst Tschagus Augen zeigten Reue und Zerknirschung. Ohitika seufzte zweimal schwer auf und zog sich dann in achtungsvolle Entfernung zurück. Tschatanna hingen zwei dicke Tränen an den langen, schwarzen Wimpern; ich aber verbarg mein Gesicht, denn ich wollte nicht, daß er mich ansehen sollte.

HAKADAS ERSTES OPFER

»Hakada! kuwa-komm!« tönte es aus einem großen Zelt inmitten des Indianerlagers. Gleich darauf tauchte aus dem nahen Wald ein Knabe mit einem prächtigen, schwarzen Hund auf. Im Aussehen unterschied sich der kleine Kerl wenig von anderen Siouxknaben. Er eilte, dem Rufe ins Zelt zu folgen; in der Hand hielt er einen buntbemalten Bogen und Pfeile, und vom Gürtel hingen ihm kleine Vögel und Eichkätzchen, seine Jagdbeute, herab.

Im Zelt saßen zwei alte Frauen; eine rechts, die andere links vom Feuer: Untschida, des Knaben Großmutter, die das mutterlose Kind aufgezogen hatte, und Uatschiwin, die auf Besuch da war; sie war eingeladen, dem ersten persönlichen Opfer, das Hakada dem Großen Geheimnis darbringen sollte, beizuwohnen. Dies Opfer hatte seit einigen Tagen Untschidas Sinn völlig in Anspruch genommen. Sie hatte alle ihre Kinder nach Vollendung des achten Lebensjahres ein solches Opfer darbringen lassen. Alle waren berühmte Krieger und Jäger ihres Stammes geworden, und sie selbst hatte immer einen gehörigen Anteil an den von ihnen erworbenen Ehren beansprucht, hatte sie sie doch frühzeitig dem Großen Geheimnis nahegebracht.

Sie glaubte, daß ihr Einfluß zur Entwicklung des Charakters, der männlichen Kraft und des Edelmutes, durch den sich ihre Söhne auszeichneten, beigetragen habe.

Man flüsterte im Zeltdorf, daß Untschida zu Ehren des ersten Opfers ihres Enkels ein Fest geben wollte. Dies war jedoch nur eine Vermutung, denn selbstverständlich wollte die alte Frau diesen Teil der Angelegenheit völlig geheimhalten; dem Großen Geheimnis durfte man sich nur schweigend und in Ehrfurcht nähern.

Der Knabe trat schnell ins Zelt; Ohitika, der ihm auf dem Fuße folgte, wedelte freundlich mit dem Schwanz, was etwa soviel heißen sollte wie: »Seht, was mein Herr und ich für Jäger sind.«

Hakada erzählte fast atemlos, wie er jeden Vogel und jedes Eichhörnchen erlegt hatte, riß sie von seinem Gürtel und warf sie seiner Großmutter zu Füßen.

»Dieser stumpfe Pfeil«, sagte er, »hatte sicher heute früh Augen. Ehe die Eichkatz um den Baum schlüpfen konnte, flog er ihr an den Kopf, und kaum war sie heruntergefallen, so stürzte sich Ohitika auf sie.«

Er lag auf einem Knie, als er so sprach, und seine schwarzen Augen leuchteten wie Abendsterne.

»Setz dich«, sagte Untschida, »ich habe dir etwas zu sagen; du weißt, daß du bald ein Mann sein wirst. Sieh dir die Jagdbeute an, die du mir gebracht hast! Lange wird's nicht mehr dauern, so wirst du mich verlassen; ein Krieger muß sich auszeichnen und seines Volkes Stolz werden! Du mußt dir Mühe geben, deinem Vater und Großvater nachzueifern. Das waren Krieger! Und Feste veranstalteten sie! Ein armer Jäger kann keine Feste geben. Entsinnst du dich der Erzählung vom reichen Mann, der vierzig Feste in zwölf

Monaten gab? Und hast du die Geschichte des Kriegers, der den Willen des Großen Geheimnisses erforschte, vergessen? – Heute sollst du dem Großen Geheimnis dein erstes Opfer bringen!«

Beim Schlußsatz weiteten sich die Augen des jungen Jägers; er fühlte, daß seiner kleinen Person ein großes Ereignis bevorstand. Untschida vollendete ihre Rede:

»Du mußt etwas opfern, das dir gehört – etwas, das dir am allerliebsten ist–, denn es muß ein wahres Opfer sein.«

Das verwirrte den Knaben etwas; nicht, daß er selbstsüchtig gewesen wäre, nein, nur war er ungewiß, was er anbieten dürfte. Auch glaubte er, daß seine Großmutter es auf seinen Schmuck und seine Spielsachen abgesehen habe. So sagte er denn ohne Zögern:

»Ich kann meinen besten Bogen, meine Pfeile und alle Farben, die ich habe und – meinen Bärenklauenhalsschmuck darbringen, Großmutter.«

»Ist das das Liebste, was du besitzt?« fragte sie.

»Bogen und Pfeile nicht, aber die Farben sind sehr schwer zu bekommen, weil keine weißen Leute in der Nähe sind. Den Halsschmuck – so einen bekomme ich gewiß nicht leicht wieder. Ich will meinen Otternfellkopfputz noch zulegen, wenn du denkst, daß das andere noch nicht genügt.«

»Mein Kind, du hast das beste Opfer für das Große Geheimnis noch gar nicht einmal erwähnt.«

Der Knabe schaute verdutzt zu seiner Großmutter auf. »Ich besitze doch nichts anderes als das, was ich nannte, Großmutter, es sei denn mein scheckiges Pony; ich glaube nicht, daß das Große Geheimnis eine so große Gabe von einem kleinen Jungen fordern wird. Onkel tauschte es gegen drei Otternfelle und fünf Adlerfedern ein, und ich habe versprochen, es zu behalten, wenn nicht die Krähen oder Schwarzfüße[23a] es mir stehlen.«

Untschida war mit den Angeboten des Knaben nicht ganz zufrieden. Vielleicht war es ihm nicht klar, was sie eigentlich von ihm wollte, aber sie wußte wohl, was ihm am liebsten war: Sein treuer Hund, sein Liebling und Gefährte! Hakada und sein geliebtes Tier waren unzertrennlich.

Sie wußte, daß er zu diesem Opfer schwer seine Einwilligung geben werde, dennoch machte sie einen letzten Versuch.

»Du mußt daran denken«, sagte sie, »daß du mit diesem Opfer das Wesen anrufen willst, welches sich dir in der ganzen Natur offenbart. Es flüstert zu dir im sausenden Wind und läßt dich im Donner seinen Kriegsruf hören. Am Tage schaut sein Auge, die Sonne, auf dich herab; in der Nacht, während du schläfst, sieht es auf dich durch den Mond. Es ist das Geheimnis aller Geheimnisse, das alles weiß und kennt, dem du dein erstes Opfer darbringen sollst. Du wirst damit erbitten, was es nur wenigen Menschen bisher gewährt hat. Ich weiß, daß du gern ein großer Jäger und Krieger werden möchtest. Ich möchte niemals in meinem Hakada einen Feigling sehen.«

Während dieser Rede war sich der Knabe seiner männlichen Würde bewußt geworden und in dieser Erregung bereit, alles zu opfern – selbst das Pony! Aber an seinen treuesten Gefährten Ohitika dachte er freilich nicht!

Kaum hatte Untschida ihre Rede beendet, so rief er begeistert aus:

»Großmutter, alles, was ich habe, will ich dem Großen Geheimnis opfern! Du selbst sollst wählen, was ihm am angenehmsten sein mag!«

Zwei schweigende Zuschauer hörten dieses Gespräch mit an: Uatschiwin und Ohitika. Die Frau was als Nachbarin zum Bleiben eingeladen, der Hund hatte aus Gewohnheit beim Eintritt ins Zelt seinen Platz an seines Herrn Seite beibehalten. Mit Ausnahme der Augen bewegte er keinen Muskel und beobachtete scharf, was vorging.

Hätte der Hund sich doch nur einmal bewegt, um die Aufmerksamkeit seines kleinen Herrn auf sich zu lenken! Vielleicht hätte er ihn von dem ungestümen Ausruf: »Großmutter, alles, was ich habe, will ich dem Großen Geheimnis opfern«, abgehalten.

Es war schwer für Untschida, dem kleinen Mann mitzuteilen, daß er sich von seinem Hund trennen müsse, aber sie stand der Lage unparteiisch gegenüber.

So fuhr sie vorsichtig fort: »Hakada, du bist ein tapferer, kleiner Krieger. Du bist jung, aber dein Herz ist stark und dein Mut ist groß. Du wirst dich freuen, daß du dein Liebstes als erstes Opfer darbringen kannst; du mußt Ohitika opfern! Er ist mutig wie du; er wird den Tod nicht fürchten, und du wirst seinen Verlust tapfer ertragen. Komm, hier sind vier Farbbeutel und eine gefüllte Pfeife – laß uns zusammen an den Ort gehen.«

Die letzten Worte schien Hakada nicht mehr zu hören. Er war unfähig, einen Laut von sich zu geben. Einem Europäer würde er in jenem Augenblick wie eine kleine Bronzefigur erschienen sein. Dann aber entströmten plötzlich seinen klaren, schwarzen Augen unaufhaltsame Tränenfluten; als er jedoch seiner Großmutter Blick auffing und sich ihres oft wiederholten Sprichwortes entsann: »Tränen für Weiber, den Kriegsruf für Männer, wenn ihnen das Herz schwer wird«, schluckte er zwei, drei tiefe Seufzer hinunter, und war dann wieder Herr seiner Gefühle.

»Großmutter, mein Tapferer muß nun sterben! Ich möchte ihm zwei der niedlichsten Schwänze von den Eichhörnchen, die wir heute morgen zusammen erlegten, anbinden, um dem Großen Geheimnis zu zeigen, was er für ein Jäger war; laß mich ihn selbst bemalen.«

Diese Bitte konnte Untschida nicht abschlagen; sie ließ die beiden ein paar Minuten allein und ging zu Uakuta, um ihn zu bitten, das Opfer an Ohitika zu vollziehen.

Jeder Indianerknabe weiß, daß ein in den Tod gehender Krieger einen Grabgesang anstimmen muß. Hakada hielt seinen Ohitika für ein Wesen, das dem Tode furchtlos entgegengehen müsse; er umschlang ihn fest und stimmte für ihn den Totengesang an. Er flüsterte ihm wie einem menschlichen Wesen ins Ohr: »Sei tapfer, Ohitika! Ich werde an dich denken, wenn ich zum erstenmal in das Ojibwayland in den Krieg ziehe.«

Endlich hörte er Untschida vor dem Zelt mit einem Manne sprechen und nahm schnell seine Farben zur Hand. Ohitika war tiefschwarz mit einem silberglänzenden Fleck am Schwanzende und auf der Schnauze; außerdem hatte er eine weiße Pfote und einen weißen Stern auf einem Höcker zwischen den Ohren. Hakada wußte, daß sich ein in den Tod gehender Mann gewöhnlich rot und schwarz bemalt. Die Natur hatte in diesem Falle für Ohitika vorgesorgt, so war nur rot erforderlich, und das wandte Hakada auf das freigiebigste an.

Dann nahm er einen roten Lappen und band ihn dem Hund um den Hals; daran befestigte er zwei Eichhornschwänzchen und einen Pirolflügel von der gemeinsamen Morgenbeute.

Plötzlich fiel ihm ein, daß man als Krieger für seine abgeschiedenen Freunde trauert; gewöhnlich benutzte man dazu schwarze Farbe. Er löste seine schwarzen, geflochtenen Locken, zerstampfte eine ausgebrannte Kohle, mischte sie mit Bärenfett und rieb damit sein Gesicht ein.

Inzwischen war jedes Loch des Zeltes mit Zuschauern besetzt. Auch Untschida spähte durch einen Spalt und zerfloß in Mitleid. Hätte sie nicht den Zorn des Großen Geheimnisses gefürchtet, sie hätte mit Freuden ausgerufen: »Behalte deinen geliebten Hund, mein Kind!«

Da trat Hakada aus dem Zelt. Sein Gesicht glich einer Mondfinsternis; er führte seinen schönen Hund, der durch die roten Tupfen auf den weißen Flecken noch hübscher aussah, an der Hand.

Der Knabe fühlte sich durch die Bewunderung, die man seiner Tapferkeit zollte, gehoben und vergoß keine Träne. Untschida gewann bei dem Anblick allmählich ihre Fassung wieder, obwohl es ihr durchs Herz schnitt; sie sagte, als sie wieder Worte finden konnte:

»Nein, so nicht, mein kleiner Held! Du darfst nicht um dein erstes Opfer trauern, wasch dein Gesicht, dann wollen wir zusammen gehen.«

Der Knabe gehorchte, übergab lächelnd Uakuta seinen treuen Ohitika und ging mit seiner Großmutter und Uatschiwin fort.

Sie schlugen einen Fußweg am Ufer des Assiniboine ein, gingen dann durch einen herrlichen Eichenwald und traten endlich unter einen hohen Felsen. Das Rauschen des Wassers tönte laut zu ihnen herauf. Gegenüber lag ein senkrecht in den Fluß abfallender weißer Fels, dessen Rückseite als Hochebene in das Land hinein auslief. Trotzige, majestätische Bergeichen krönten die Hochebene. Die Gegend war wild und eindrucksvoll.

Uatschiwin war wortlos an der Ecke des Felsens zurückgeblieben. Untschida hatte mit ihr verabredet, daß sie dort Uakuta erwarten solle, um ihm das Opfer abzunehmen.

Der Knabe und seine Großmutter stiegen auf einem halsbrecherischen Fußsteig zum Wasser hinab und gingen zum Eingang einer mächtigen Höhle, die etwa fünfzehn Meter über dem Fluß unter dem Felsen lag. Ein kleines, klares Bächlein floß dort aus einer Quelle innerhalb der Höhle herab. Das kleine Bachbett diente den Besuchern als eine Art natürliche Treppe. Eine kühle, wohltuende Luft wehte vom Eingang her. Es war wirklich ein geweihter Ort der Natur; kein Wunder, daß er von den Indianern als solcher betrachtet wurde.

Ein Gefühl von Ehrfurcht und Anbetung überkam den Knaben. »Das ist das Haus des Großen Geheimnis!« dachte er; der mächtige Eindruck der Umgebung ließ ihn seinen Kummer vergessen.

Bald darauf stieg Uatschiwin die Stufen herauf. Sie legte den toten Ohitika in möglichst natürlicher Stellung auf den Boden und ließ dann Großmutter und Enkel wieder allein.

Kaum war sie fort, so löste Untschida feierlich und ehrfurchtsvoll die Lederstreifen, mit denen die vier kleinen Farbbündel und das Tabakpäckchen zusammengebunden waren. Die gefüllte Pfeife wurde neben den toten Ohitika gelegt.

Sie streute Farben und Tabak überall umher; dann standen Großmutter und Enkel einige Augenblicke schweigend. Untschida seufzte tief auf und betete dann zum Großen Geheimnis: »O, Großes Geheimnis, wir hören deine Stimme in den rauschenden Wassern unter uns! Wir hören dein Flüstern in den hohen Eichen zu unseren Häuptern. Dein Atem erfrischt unsere Geister hier in der Höhle. O höre unser Gebet! Behüte diesen kleinen Knaben und segne ihn! Du hast seinen Vater und Großvater zu großen Kriegern und Jägern gemacht, tue mit ihm desgleichen.«

Mit diesem Gebet hatte der kleine Krieger sein erstes Opfer vollendet.

FAMILIENÜBERLIEFERUNGEN

Ein Besuch bei Rauchigem Tag

Rauchiger Tag war weithin unter uns als Geschichten- und Sagenerzähler bekannt. Sein Gedächtnis ergänzte er durch Bündel kleiner, bemalter Stäbchen. Ein Bund stellte die Zahl seiner eigenen Lebensjahre dar, ein anderes die wichtigsten geschichtlichen Ereignisse seines Volkes. Ein Stab erinnerte an außergewöhnlich zahlreiche Sternschnuppenfälle[24], ein anderer an einen Kometen. Nach derartigen auffallenden Naturereignissen wurde die Zeit der großen Kämpfe und Siege unseres Volkes berechnet.

Ich will versuchen, einige seiner Lieblingserzählungen, wie ich sie noch von ihm selbst gehört habe, wiederzugeben. Eines Tages ging ich mit einem Stück Tabak und einer Adlerfeder zu ihm; nicht um seine Aufzeichnungen zu kaufen, sondern in der Hoffnung, ihn von alten Zeiten, von den Heldentaten unseres Volkes erzählen zu hören. Der große und kräftige alte Mann begrüßte mich mit der ihm eigenen Höflichkeit und dankte mir für mein Geschenk. Ich besinne mich deutlich und auf seine ungewöhnliche Gestalt, sein langsames Reden und seine angenehmen Umgangsformen.

»Ah, Ohijesa!« sagte er, »mein junger Held, denn das wirst du einmal werden! Ich weiß es, denn du kommst, um dir von den Heldentaten deiner Vorfahren erzählen zu lassen. Das ist ein gutes Zeichen; ich freue mich darüber, mit jemand reden zu können, der vom Schicksal bestimmt ist, ein Held zu werden. Mit schönen Worten will ich dir nicht schmeicheln, denn ich kenne die Art deiner väterlichen Ahnen. Sie waren und sind noch heute mit die Tapfersten unseres Stammes. Das will ich dir mit einer Geschichte beweisen, die sich in deiner großväterlichen Familie vor etwa zwanzig Jahren zutrug.

Zwei Brüder deines Großvaters wurden von einem eifersüchtigen jungen Mann seiner eigenen Sippe ermordet. Da die Tat ohne gerechte Ursache begangen war, beschlossen alle Krieger, an dem Mörder Todesstrafe zu vollziehen. Als dein Großvater von diesem Beschluß hörte, sagte er, daß weder er noch seine Brüder sich erniedrigen würden, das Blut eines solchen erbärmlichen Wichts zu vergießen. Die andern möchten mit dem jungen Mann tun, was sie für recht hielten. Die Verwandten der Ermordeten waren die Ersten unter den Siouxkriegern, und kein Mensch zweifelte an ihrem Mut, doch als ein Schurke dieses Unglück über sie brachte, weigerten sie sich sämtlich, ihn anzurühren. Dies, mein Junge, ist ein Beweis wahrer Tapferkeit; Selbstbeherrschung und Besonnenheit in solchen Augenblicken lassen ein starkes Herz erkennen.

Du hast gewiß schon von dem alten Rasselnden Donner gehört, dessen Taten in den Herzen aller Dorfbewohner im Umkreis der Seen lebendig sind. Das Große Geheimnis war ihm wegen seines Gehorsams besonders gewogen.

Vor vielen Wintern hatten wir eine große Schlacht, in der Rasselnder Donner seine ersten Ehren einheimste. Es war

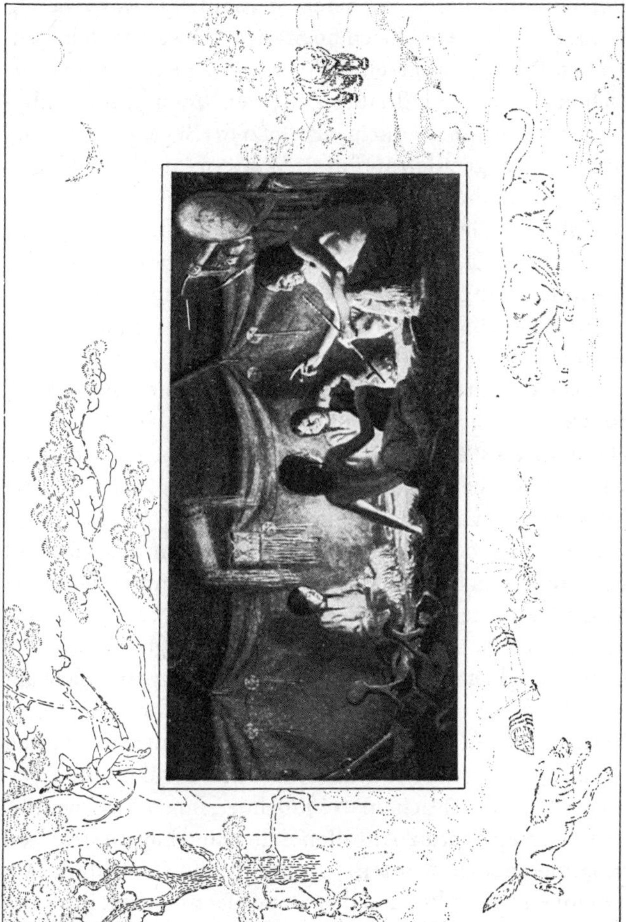

Ein Abend im Zelt

vierzig Winter vor dem ersten Sternfall; das war zwanzig Winter nach dem Erscheinen des schwarzgekleideten, weißen Priesters. Vierzehn Winter vor jenem Ereignis vernichtete unser Volk dreißig Zelte der Sac- und Fox-Indianer[25]. Ich erinnere mich der letzten Begebenheit sehr wohl – es war gerade vor fünfzig Wintern – doch ich will lieber meine Stäbe noch einmal nachzählen.«

Während dieser Erzählung nahm Rauchiger Tag sein buntfarbiges Stabbündel; jedes Stäbchen war etwa zehn Zentimeter lang. Er zählte sie nach und reichte sie dann mir, damit ich mich von der Richtigkeit seiner Berechnung überzeuge.

»Damals lebte unser Stamm am Ostufer des Mississippi, ein wenig südlich von dem heutigen St. Paul in Minnesota. Hier fand einst eine Schlacht statt, die alle andern in der Geschichte in Schatten stellt. Sie währte einen ganzen Tag; die Sac, Fox und Dakota kämpften gegen die Ojibway.

Dem Brauch entsprechend, überbrachten die Sac- und Foxkrieger den Dakota eine gefüllte Pfeife und forderten sie dadurch zu einem Angriff gegen die Ojibway auf, ihrem gemeinsamen Feind. Die Dakotakrieger bezeigten sofort ihre Bereitwilligkeit in derselben Weise; man wollte sich am St.-Croix-Ufer treffen und veranstaltete sofort die nötigen Vorbereitungen zu einem größeren Kriegszug. Wir hatten damals viele erfahrene Krieger mit den berühmtesten Namen; wie sehnten sich unsere Jünglinge, ihnen nachzueifern, es ihnen gleichzutun! Aus allen Zelten und Lagern strömten Jünglinge herbei; Mütter, Schwestern und Großeltern sangen ihnen zum Abschied den Stark-Herz-Gesang. Eine alte Frau, deren große Familie in drei verschiedenen Schlachten von den Ojibways erschlagen worden war, tat sich beim Singen besonders hervor. Sie lebte mit ihrem einzigen Enkel, dem Letzten seines Stammes, zusammen.

Jeder, der sie hörte, warf ihr einen teilnahmsvollen Blick zu, denn es war wohl bekannt, daß sie und ihr Enkel die Letzten einer angesehenen Familie waren, und ihr Lied bekundete, daß ihr geliebter Enkel das Alter des Kriegers erreicht hatte; nun sollte er am Kriegszug teilnehmen und gerechte Rache für die Vernichtung seiner Familie üben. Das war Rasselnder Donner! Mit den Waffen seiner Ahnen, Keule und Lanze, wohlgerüstet, zog er in die Schlacht, begleitet von dem Lied der alten Frau, das etwa so lautete:

Wohlauf, mein tapferer Rasselnder Donner!
Die Augen sollst du richten
Empor zur Sternenpracht.
Den Silberpfad,[26] *den lichten,*
Halt ihn in guter Acht.
Schau auf zur Ruhmesbahn,
Mein Sohn, geh stets voran!
Mein Kind, gedenk in Treuen
Der Ahnfrau deiner Art,
Ach, täglich sich erneuen
Ihr Leid und Jammer hart.
Kehr heim, ein Held, ein Mann!
Bring Ruhm dem alten Stamm!

Die Sac- und Fox-Indianer waren sehr unternehmend und zuversichtlich bei dieser Gelegenheit. Sie schlugen den Sioux vor, dem Kampf zuerst als Zuschauer beizuwohnen; sie wollten allein den ersten Angriff auf die Ojibway wagen. Unsere Leute willigten ein und stellten sich auf einem Hügel auf, um den Kampf unserer Bundesgenossen zu beobachten. Eine Zeitlang war es zweifelhaft, wie die Sache enden würde. Rasselnder Donner war ein ungeduldiger Zuschauer; es war schwer, ihn vom Kampfe zurückzuhalten.

Endlich erhob sich ein großes Geschrei, und man sah, daß sich die Sac- und Fox-Indianer mit erheblichen Verlusten zurückziehen mußten. Da stürmten die Sioux heran und hatten beinahe den Sieg davongetragen, als von Norden her Verstärkungen für Ojibway eintrafen. Bis dahin war Rasselnder Donner unter den vordersten Kämpfern gewesen und hatte an mehreren scharfen Handgemengen teilgenommen. Aber dieser neue Angriff kam sehr unerwartet, und die Sioux waren etwas müde. Außerdem hatten sie die Sac und Fox auf die Hügel gesandt, um sich nach den Anstrengungen der Schlacht auszuruhen und von der Kampfesweise ihrer neuen Freunde, der Sioux, zu lernen; so hatten sie vorläufig keine Hilfe zu erwarten.

Ein großer Ojibwayhäuptling stürzte sich mit aller Wucht auf die Dakota. Rasselnder Donner sprang ihm entgegen. Der Ojibway rief seinen Kriegern prahlerisch zu, er sei einem zarten Rehkälbchen begegnet und wolle es allein erlegen. Rasselnder Donner erwiderte darauf, er habe nun den Alten Bären, von dem er schon so viel gehört habe, getroffen, er wünsche aber keinen Beistand, um ihm zu Leibe zu gehen.

Der mächtige Mann schwang seine Keule vernichtend über dem Haupte des jungen Kriegers; der aber sprang mit Blitzesschnelle zur Seite und durchbohrte im selben Augenblick seinem Feinde mit dem Speer das Herz. Schwer brach der große Häuptling unter mächtigem Stöhnen zusammen. Da verloren seine Leute den Mut, aber die Kampfesfreude der Sioux hob sich durch den Erfolg des tapferen Rasselnden Donners; sie erspähten ihren Vorteil und vertrieben den Feind aus ihrem Gebiet.

Das war der Anfang von Rasselnden Donners Siegeslaufbahn. Später vollbrachte er noch größere Ruhmestaten. Er wurde der Vorfahr einer berühmten Sippschaft, zu der auch dein Vater gehörte. Gewiß hast du bei allen großen Ereignissen unseres Volkes seinen Namen stets mit Ehren nennen hören. Er war ein sehr friedfertiger Mann; man hat nie von einem Streit, den er mit irgendeinem seiner Stammesgenossen gehabt hätte, gehört.«

Ich lag in jener Nacht noch lange wach und wiederholte mir die Geschichte, die ich gehört hatte, erzählte auch am anderen Morgen meinem Spielgefährten Klein-Regenbogen von meiner ersten Stunde beim Geschichtenerzähler. Er meinte darauf:

»Ich hätte lieber Weyuha als Lehrer. Ich glaube, er weiß mehr als alle andern. Wenn Weyuha von einer Schlacht erzählt, so ist's, als sähe man sie vor sich; man hört sogar den Kriegsruf!« fuhr er mit Begeisterung fort.

»Das sagen seine Freunde von ihm! Wer ihm aber nicht nahe befreundet ist, weiß, daß er viele Männer in seinen Schlachten auftreten läßt, die niemals dabei waren«, erwiderte ich unwillig.

Als ich wieder zu Rauchigem Tag ging, hatte die aufmerksame Untschida ein zartes gebratenes Stück Wildbret für den Lehrer bereitet, und ich war stolz, ihm mit einem so guten Bissen aufwarten zu dürfen.

»How![27] Ohijesa,« begrüßte er mich, »so fängst du auch schon an? – Ja, ja, deine Familie verstand sich immer darauf, Krieg zu führen und Feste zu geben, das lasse ich mir gefallen!«

Nachdem er sich den zarten Bissen trefflich hatte munden lassen, steckte er sein Messer mehrere Male zum Reinigen in die Erde und dann in die Scheide. Darauf fing er höchst vergnüglich an zu erzählen:

»Vor einigen Wintern hatte Uakinjan-Tanka, der große Medizinmann, eine Vision; daraufhin wurde ein Kriegszug gegen die Ojibway veranstaltet. Drei Brüder aus deiner Familie, berühmte Jäger und Krieger, zogen mit.

Sieben erfolgreiche Schlachten wurden geliefert, dann

dachte man an die Heimkehr. Es war eine große Anzahl feindlicher Birkenkanus erbeutet worden, und die ganze Gesellschaft kam in glücklichster Siegerstimmung den Mississippi herabgefahren.

Da erklärte eines Abends der Kriegshäuptling, daß ein Unglück bevorstände. Am nächsten Morgen wollte keiner die Führung der Flotte übernehmen. Endlich sagte der jüngste der drei Brüder, daß er den Tod nicht fürchte, der komme ja doch, wenn man ihn am wenigsten erwarte; er sei bereit, die Führung der Boote zu übernehmen.

Gerade dieser junge Mann hatte ein hübsches Mädchen, Uinona, die ihm einen schön gestickten Köcher geschenkt hatte, daheim gelassen, und was für ein schöner, tapferer Jüngling war er selbst!

Bei Tagesanbruch wurden die Kanus auf dem Flusse flottgemacht. Alles war ruhig, nur ein paar Vögel sangen ihr Morgenlied. Als die Sonne durch die östlichen Baumwipfel leuchtete, ertönte plötzlich vom nahen Ufer Kriegsgeschrei herüber, und ein Hagel von Pfeilen fiel auf die Flotte nieder. Die Kanus wurden durchbohrt, und in der Aufregung kenterten viele.

Die Sioux waren stark im Nachteil; nirgends bot sich ihnen der geringste Schutz, und ihre Bogensehnen und die Federn an ihren Pfeilen waren naß. Natürlich ersahen die kühnen Ojibway ihren Vorteil und bedrängten die Feinde härter und härter; unsere Leute kämpften mit dem Mute der Verzweiflung, bis sie endlich den Feind zum Rückzug zwangen. Dennoch war es für die Sioux ein trauriger Tag; am traurigsten von allen war Uinonas Schicksal!

Morgenstern, ihr Geliebter, der morgens die Kanuflotte anführte, war unter den Erschlagenen. Zwei Tage lang suchten die Sioux das Wasser ab nach ihren Toten; sein Leichnam wurde nicht gefunden.

Daheim war man bereits durch schlimme Vorzeichen erschreckt. Uinona, die älteste Tochter des großen Häuptlings, setzte sich in ihr Birkenkanu und fuhr allein den Mississippi hinauf; bald schaute sie tief ins Wasser hinab, bald auf zum klaren Himmel. Ihr war, als höre sie die Liebesrufe eines jungen Mannes, wie die Geliebte sie vernimmt, wenn sich der Jüngling des Abends ihrem Zelt nähert. Horch! Sie konnte seinen Ruf genau von dem der andern unterscheiden. Immer schärfer lauschte sie und wandte immer wieder ihren Blick nach oben, während ihr Boot leise stromaufwärts glitt.

Ach, arme Uinona! Sie sah nur sechs Kraniche, die ihre Kreise am Himmel zogen. Gen Osten wandte sich ihr Flug, den Flug, den alle Geister nehmen. Etwas in ihr sprach: ›Das sind die Geister der Siouxhelden! Morgenstern ist bei ihnen!‹ Und wie gebannt folgte ihr Auge dem Flug der Vögel, die bald ihrem Blick entschwanden.

Plötzlich blickte sie nieder. ›Was ist das?‹ schrie sie verzweifelt. Es war Morgensterns Leiche, die den Strom herabtrieb; sein Köcher, den sie so prächtig gestickt hatte, war mit Blut getränkt und schwamm auf dem Wasser.

›O Großes Geheimnis! Warum strafst du ein armes Mädchen so hart? Laß mich mit Morgensterns Geist ziehen!‹

Es war Abend. Der bleiche Mond ging im Osten auf, und hell glänzten die Sterne. Zur selben Stunde wurde die Unglücksbotschaft durch einen heimkehrenden Kundschafter ins Dorf gebracht, und Trauer lag auf allen Gemütern. Uinonas Geist war entflohen; man sah sie niemals wieder.

Für heute ist's genug, mein Junge. – Du kannst morgen wiederkommen.«

Der Steinknabe

Willkommen, mein Freund!« tönte mir Rauchigen Tags Gruß, als ich am dritten Tage sein Zelt betrat, entgegen. »Ich hoffe, du hast nach der Geschichte von gestern nicht von einem Flußkampf mit den Ojibways geträumt«, fügte der Alte mit vielsagendem Lächeln hinzu.

»Nein«, sagte ich leise, »aber ich wollte, die Sonne reiste etwas schneller, damit ich eine neue Geschichte hören dürfte.«

»Wohlan, heute will ich dir ein Märchen erzählen: Es waren einmal zehn Brüder, die lebten mit ihrer einzigen Schwester, einer schönen Jungfrau von sechzehn Jahren, zusammen. Sie war sehr geschickt im Sticken, und alle ihre Brüder hatten prächtige, mit Stachelschweinborsten benähte Köcher und Bogen. Die Brüder liebten ihre Schwester zärtlich und behandelten sie gut; dafür war sie ihnen von ganzem Herzen zugetan und fühlte sich als ihre Haushälterin glücklich.

Eines Abends kehrten sie, einer nach dem anderen, mit ihrer Jagdbeute wie gewöhnlich heim, alle – nur der Älteste blieb aus. Die anderen Brüder meinten, er habe sich bei der Verfolgung eines Wildes zu weit vom Zelt entfernt, oder vielleicht mehr geschossen, als er tragen könne; die Schwester jedoch hatte eine Vorahnung, daß ihm ein schreckliches Unglück zugestoßen sei.

Der zweitälteste Bruder tröstete sie, so gut er vermochte, und versprach ihr, am folgenden Morgen nach dem Verlorenen zu suchen.

So zog er aus, um nach dem Bruder zu forschen. Gegen Abend kehrten alle heim, nur er nicht. Wiederum ging am folgenden Morgen der nächstälteste Bruder aus, um die Vermißten zu suchen; auch er kehrte abends nicht heim. So verschwanden alle zehn Brüder, einer nach dem andern, und die Schwester blieb allein.

Das Mädchen war in großer Angst. Sie weinte und suchte ihre Brüder, fand aber keine Spur von ihnen. Eines Tages kam sie an einen kleinen Fluß, der so klar war, daß sie die glänzenden Kiesel am Grunde leuchten sehen konnte, besonders einer erschien ihren tränenfeuchten Augen so lieblich, daß sie still stand, ihn aufnahm und ihn vorn in ihr Fellkleid steckte. Zum erstenmal seit ihrem Unglück hatte sie sich selbst und ihre Sorgen vergessen.

So ging sie seit langer Zeit einmal wieder fröhlich heim; warum sie so froh war, das hätte sie niemand sagen können. Als sie am folgenden Morgen erwachte, lag ein wunderschönes Kindlein in ihrem Schoß.

Sie nahm es und küßte es wieder und wieder. Es war ein Knabe, der so schwer war wie ein Stein; daher nannte sie ihn Kleiner Steinknabe. Nun weinte sie nicht mehr, war sie doch so glücklich mit ihrem kleinen Kinde. Der Knabe war ungewöhnlich klug und konnte beinahe schon bei seiner Geburt laufen.

Eines Tages entdeckte Steinknabe den Bogen und die Pfeile eines seiner Oheime und wollte sie haben; seine Mutter weinte und rief: ›Warte, mein Sohn, bis du ein Mann bist!‹

Sie machte ihm kleines Jagdgerät, damit lernte er bald schießen und erlegte genügend Kleinwild, um sich und seine Mutter zu ernähren. Als er herangewachsen war, wollte er durchaus wissen, wem die zehn Bogen, die im Zelt seiner Mutter hingen, gehörten. Endlich mußte sie nachgeben und ihm die traurige Geschichte ihres Verlustes erzählen.

›Mutter, ich gehe auf die Suche nach meinen Oheimen!‹

rief Steinknabe. Er nahm Pfeile und Bogen eines derselben und machte sch auf den Weg.

Da traf er einen Grislybären, der mutwillig seinen Ruf – er hatte manchmal laut nach seinen Oheimen gerufen – nachgeahmt hatte. Steinknabe war wütend darüber.

›Warst du das, du Langgesicht, das mir auf meinen Ruf geantwortet hat?‹ rief er ärgerlich.

Hierauf brummte der Bär und höhnte:

›Vorsicht, mein Freund, du könntest noch bereuen, was du gesagt hast!‹

›Du Rotauge, du häßliches Vieh, pah! was hast du zu sagen!‹ schrie ihn Steinknabe an.

Darauf griff ihn der Bär an.

Des Knaben Fleisch war hart wie Stein, so daß des Bären große Zähne und Klauen keine Spuren darin hinterließen. Außerdem war er so furchtbar schwer und lachte immerfort; das verstimmte den Bären. Endlich warf ihn Steinknabe beiseite und schoß ihm einen Pfeil ins Herz.

Vorwärts ging's. Ein fürchterliches Gewitter überraschte ihn, und plötzlich stand vor ihm ein Riese, der ihn zum Zweikampf herausforderte. Sie rangen miteinander, und Steinknabe blieb Sieger. Er löste von des Toten Skalplocke ein Stückchen scharlachroten Flaum, blies es an, daß es aufwärts flog, und folgte ihm hinauf zum klarblauen Himmel in das luftige Reich der Donnervögel.

Plötzlich befand er sich auf dem Gipfel eines hohen Berges, von dem er das reiche, stark bevölkerte Land überschaute. Ihm fiel besonders ein Baum mit einem riesengroßen Nest auf, zu dem er mit seinem Stückchen Flaum hinflog.

Das Nest war voll bunter Eier, mit denen Steinknabe in kindischem Vergnügen spielte. Plötzlich zerbrach ein Ei, und in demselben Augenblick fiel unter ihm, im Dorf, ein Mann tot um. Jammervolles Geschrei tönte zu ihm herauf:

›Gib mir mein Herz!‹

›Ach‹, rief Steinknabe, ›das sind gewiß die Herzen des Volkes, das meine Oheime tötete! Die will ich alle zerbrechen!‹

Er zerbrach alle, bis auf vier kleine. Mit denen stieg er ins Dorf hinab und fand nur vier kleine Knaben, denen er befahl, ihm die Gebeine seiner Oheime zu zeigen. Sie wiesen ihm einen Haufen Knochen. Die Knaben mußten ihm helfen, ein Schwitzzelt zu bauen, in das er die Knochen seiner Oheime legte. Es dauerte nicht lange, da hörte man Stimmen aus dem Innern des Zeltes, dann ertönten religiöse Gesänge, und bald darauf traten die zehn Männer gesund und munter heraus, dankten ihrem Neffen und segneten ihn, daß er ihnen das Leben wiedergegeben hatte. Nur der kleine Finger des jüngsten Oheims fehlte.

Alle kehrten zur Erde zurück, wo sie von Steinknabes Mutter mit Freuden empfangen wurden.

Eine Zeitlang lebten alle glücklich und in Frieden. Steinknabe jagte viel, besonders die stolzen, wilden Tiere, die er mutwillig und in großen Mengen tötete. Seine Mutter und ihre Brüder warnten ihn vor diesem frevelhaften Spiel und baten ihn, wenigstens die den Dakota heiligen Tiere zu schonen – vergebens.

Eines Abends jedoch war er merkwürdig still und erzählte erst auf dringendes Bitten den Seinen, daß die gesamte Tierwelt den Beschluß gefaßt hätte, ihn und seine Familie völlig zu vernichten.

Nun ging es an die Arbeit; man mußte sich, so gut es ging, gegen einen Angriff verschanzen. Steinknabe zauberte feste Mauern, Wälle und steinerne Zelte, die Oheime fertigten Bogen und Pfeile an, während die Mutter große Mengen Nahrungsmittel herbeischaffte und für ihren Sohn viele Mokassins arbeitete.

Endlich erschien das Tierheer, jede Gattung für sich, von einem besonders großen und starken Anführer geleitet. Der Angriff war entsetzenerregend. Steinknabe verteidigte sich mit aller Kraft, und die Körper der toten Tiere bildeten hohe Mauern um seine Verschanzung. Aber der Regen fiel in Strömen, die Dachse und andere Wühler untergruben unablässig die Festung, die Biber hatten alle Flüsse abgedämmt und dadurch eine große Überschwemmung angerichtet. Die Belagerten zogen sich in das oberste Zelt zurück, aber das Wasser stieg so hoch, daß Steinknabes Mutter und ihre zehn Brüder ertranken.

Er selbst konnte nicht ganz vernichtet werden. Er wurde aber von seinen Feinden halb in der Erde begraben und verurteilt, nie wieder einen Schritt zu gehen. So lebt er noch bis auf den heutigen Tag!«

Das war die Strafe dafür, daß er seine Kraft mißbrauchte und zum Vergnügen die Geschöpfe vernichtete, die ihm nur zum Lebensunterhalt gegeben waren.

EIN ABEND IM ZELT

Ich war auf unserem See Schlittschuh gelaufen und kam müde und durchfroren heim. Wie kalt es war, kann ich nicht genau sagen, aber es muß arg gewesen sein, denn es krachte in den Bäumen um mich herum wie Pistolenschüsse. Mich störte das nicht; ich steckte in meiner Büffeldecke, trug die Fellseite nach innen auf dem Körper und hatte meine Gewandung mit einem breiten Ledergurt fest um die Hüften zusammengeschnürt. Meine Schlittschuhe bestanden aus einem Stück Lindenholzborke, das ich mir unter die Füße gebunden hatte.

Ich hatte meine gefrorenen Mokassins ausgezogen und war in ein Paar trockene geschlüpft.

»Wo bist du gewesen? Was hast du getan?« fragte Untschida, als sie mir etwas gebratenes Wildfleisch in einem hölzernen Gefäß hinsetzte.

»Hast du Rentier- oder Bärenspuren bemerkt?«

»Nein, Großmutter. Ich habe am unteren Ende des Sees gespielt. Ich möchte dich etwas fragen«, sagte ich, während ich behaglich Mittag- und Abendbrot auf einmal verzehrte und es mir trefflich munden ließ, war ich doch einen halben Tag in der Kälte auf dem Eise gewesen!

»Ich fand diese Feder, Großmutter, und konnte nicht ergründen, welcher Stamm solche Federn trägt.«

»Ach, bin ich ein Mann? Du sollst nach so etwas lieber deinen Onkel fragen. Übrigens müßtest du das eigentlich selbst wissen, bist doch alt genug, um über Adlerfedern nachzudenken.« Ich schämte mich meiner Unwissenheit sehr; mir fehlte es an dem nötigen Ehrgeiz, sonst hätte ich diese Dinge längst ergründet.

»Onkel, du sagst es mir«, bat ich. »Ja, willst du?«

»Ich wundere mich, mein Kind, daß du die Feder nicht kennst. Es ist eine Cree-Talismanfeder[29], keine Kriegerfeder.«

»Ach bitte, Onkel, erzähle mir die Federsprache doch noch einmal, ich habe sie wirklich ganz vergessen«, bat ich verlegen.

Die Nacht war hereingebrochen; der Mond schien hell und klar, aber die Kälte hatte sich nicht verringert, im Gegenteil, die Baumstämme krachten noch ärger. Dank Untschidas Fleiß und Vorsorge wurde unser Zelt durch mächtige Holzkolben, die wir nach und nach ins Feuer schoben, prächtig erleuchtet und erwärmt. Mein Onkel, Weiße Fußspur genannt, setzte mir die Bedeutung der Adlerfedern auseinander.

»Der Adler ist der kriegerischste und königlichste von allen Vögeln, und seine Federn sind einzig in ihrer Art. Darum tragen sie die Krieger unseres Volkes, je nach Verdienst als Kriegs- und Ehrenschmuck. Es ist nicht wahr, daß jede Feder an eines Mannes Kriegsschmuck einen erschlagenen Feind oder einen ›Coup‹[30] bedeutet. Trägt ein Mann eine aufrechtstehende Adlerfeder auf dem Haupt, so zählt das nur für einen von den höchstens vier möglichen, auf ein und denselben Feind von vier verschiedenen Kriegern ausgeführten Coups.«

»Dann bedeutet ein Coup also nicht den Totschlag des Feindes?«

»Nein, ein Coup ist der Schlag, den man einem Feinde nach dem Fall versetzt. Das Berühren eines Feindes ist oft viel schwieriger als zum Beispiel das Erschießen. Man braucht ein starkes Herz, um den Feinden entgegenzutreten und den Coup an dem Erschlagenen, der unter Deckung des Feuers seiner Freunde liegt, auszuführen. Mancher tapfere Mann hat bei dem Versuch sein Leben eingebüßt.

Nähert sich ein Krieger einem lebendigen oder toten Feind, so ruft er andere Krieger zu Zeugen auf und sagt zum Beispiel:

›Ich, Furchtloser Bär, vollbringe die kühne Tat und führe den ersten (zweiten, dritten oder vierten) Coup auf den Körper des heldenhaftesten unserer Feinde aus.‹

Natürlich sehen die Anwesenden die Tat und sind imstande, sie zu bezeugen. Bei der Heimkehr wird dieselbe von den Herolden laut verkündet und fortan unter den Heldentaten des betreffenden Mannes aufgezählt. Jeder Krieger, der die Adlerfeder trägt, muß sein Anrecht darauf in dieser Form beweisen können.

Wird ein Krieger in der Schlacht, in der er einen Coup ausgeführt hat, verwundet, so trägt er die Feder herabhängend. Wird er verwundet und kann keinen Coup ausführen, so beschneidet er die Feder; in diesem Falle braucht es keine Adlerfeder zu sein. Alle andern Federn sind nur Zierat. Trägt ein Krieger eine Feder, auf welche ein roter Farbfleck gemalt ist, so bedeutet dies, daß er einen Feind getötet hat. Ist eine Kerbe in die Feder eingeschnitten und sind deren Ränder rot bemalt, so bedeutet dies, daß er auch einen Skalp erbeutet hat.

Ein Krieger, der in zehn Schlachten erfolgreich war, darf die Adlerfederhaube tragen. Ist er ein allgemein anerkannter Führer, so darf er sie mit der langen, mit Adlerfedern besetzten Schleppe tragen. Manchmal ist die Feder auch mit einem Stückchen Wieselfell geschmückt. Es bedeutet, daß der Träger gleichzeitig seinen Feind tötete, skalpierte und den Coup ausführte.

Alle anderen Federn, die die gewöhnlichen Indianer tragen, haben keinerlei Bedeutung; die Feder, die du gefunden hast, trug ein Cree-Indianer.«

»Onkel, dürfte ich irgendwelche Federn tragen? – Ich war doch noch nie auf irgendeinem Kriegszug.«

»Adlerfedern darfst du nicht tragen, alle andern wohl«, antwortete mein Onkel. »Bei besonders feierlichen Gelegenheiten darf freilich das Kind eines bedeutenden Mannes auch Adlerfedern anlegen, um des Vaters Würde und Stellung anzuzeigen.«

Das Feuer war heruntergebrannt; ich schaufelte die letzte Glut zusammen und wickelte mich fester in meine Büffeldecke.

Ab und zu krachte mit donnerartigem Getöse das Eis auf dem See. Untschida zog in ein Paar alte Schneeschuhe des Onkels neue Schnüre. Er trug zwei verschiedene Sorten; die einen waren lang und gerade und liefen in eine Spitze aus, die andern waren vorn gebogen und kürzer. Sie hatte einen Schuh mit der Spitze nach unten zwischen in der Erde steckenden Stäben befestigt; so wurden die neuen Schnüre eingeflochten und die alten straff gezogen. Tante Vierstern arbeitet an einem Paar Mokassins mit Perlenstickerei. Unser Hund Uabeda wollte gern im Zelt seinen Knochen verzehren, aber Untschida wollte es ihm nie erlauben; diesmal wurde wegen der bitteren Kälte eine Ausnahme gemacht.

Plötzlich schlug der Hund an: Wau – wau! Und dabei raste er hinaus, mich dabei über den Haufen werfend. Ich ihm nach, mit Pfeil und Bogen; schnell folgte auch Onkel, und einen Augenblick später hatte er bereits einem großen, braunen Bären, der durch Uabedas draußen im Schnee vergrabenen Knochen angelockt war, mit seinem schnellen Pfeil das Herz durchbohrt.

»Aber Onkel, die Bären schlafen doch im Winter in ihren Höhlen. Wie kommt dieser hierher?« fragte ich.

»Der braune Bäre ist der größte Faulpelz unter seinen Stammesgenossen. Er allein schläft im Winter ohne Behausung, und da er kein warmes Bett hat, wird er bald hungrig und muß herumstreifen, um sich vor dem Erfrieren und vor Hunger zu schützen«, erklärte mein Onkel.

Wir zogen das mächtige Tier in unser Zelt, häuteten es und machten es zurecht. Untschida freute sich besonders über das reichliche Fett, das es ihr zum Kochen lieferte.

»Bitte, Großmutter, erzähle mir die Geschichte vom Bärenfett, bitte, bitte!« schmeichelte ich.

»Ja, das ist eine gute Geschichte, du solltest sie auswendig wissen und dir daran ein Beispiel nehmen«, meinte sie.

»Es war in den Wäldern von Minnesota, dem Lande, das jetzt den Ojibways gehört. Ein jungverheiratetes Paar aus dem Dorf der Mdewakanton-Sioux wanderte in die Wälder, um sich mit frischem Wildbret zu versorgen. Der Schnee lag hoch; das Eis war dick. Tief in den Wäldern schlugen sie ihre einfache Hütte auf. Der Mann war ein angesehener Jäger und seine Frau ein gutes Mädchen aus dem Dorf.

Da der Schnee sehr tief war, konnte der Mann nur auf Schneeschuhen jagen; auch seine Frau mußte Schneeschuhe anlegen, um an den Ort, an dem sie ihre Hütte aufschlagen wollten, zu gelangen. Am Tage ihres Abmarsches war Tauwetter, so daß ihre Fußspuren, nachdem der Frost wieder einsetzte, sichtbar waren. Der junge Mann erlegte viele Bären und anderes Wild. Während er jagte, war die Frau eifrig dabei, das Fleisch zu dörren und das Fett auszulassen.

Als sie eines Abends gerade einen Kessel Fett zum Kühlen vom Feuer genommen hatte, sah sie, wie sich in dem heißen Fett das Gesicht eines Ojibway-Kundschafters spiegelte, der durch das Rauchloch auf sie niederschaute. Sie schwieg und ließ sich auch nicht das geringste merken.

Nach einer kleinen Weile sagte sie so natürlich als möglich zu ihrem Mann: ›Machpi-topa, es schaut jemand durch das Rauchloch auf uns herab; ich glaube, es ist ein feindlicher Kundschafter.‹

Da nahm Machpi-topa seine Pfeile und Bogen und fing ruhig an, sie unter viel Schwatzen und Lachen für die Jagd am andern Morgen zu trocknen und gerade zu machen. Plötzlich drehte er sich um, schoß nach dem Ojibway und traf ihn so, daß er tot vor dem Eingang niederfiel.

›Schnell, Waduta‹, befahl er, ›gehe, eile heimwärts! Ich bleibe hier. Kehrt dieser Kundschafter nicht zu seinen Leuten zurück, so kommt vielleicht ein größerer Kriegstrupp oder ein neuer Späher. Kommt nur einer, so mache ich ihn schnell unschädlich und folge dir. Tue ich es nicht, so überholen sie uns auf der Flucht.‹

Waduta widersprach und bat, bei ihrem Manne bleiben zu dürfen; aber endlich machte sie sich doch auf den Weg, um Verstärkung zu holen.

Machpi-topa legte mehr Feuer an, damit der helle Schein ihm den Weg zeige. Er nahm den Skalp des Toten und ging ein Stück Wegs, bis er an die aufragende Wurzel eines großen Baumes kam. Dort breitete er seine Pfeile aus und legte seine Keule zurecht.

Bald sandten die Ojibways zwei weitere Späher aus, um zu erfahren, warum der erste nicht zurückkehrte. Machpitopa hörte sie auf ihren Schneeschuhen herankommen. Als sie nahe genug waren, schoß er den ersten nieder. Der andere blieb beim schnellen Wenden mit den Schneeschuhen im tiefen Schnee stecken; so konnte Machpi-topa beide töten.

Schnell nahm er die Skalpe und folgte Waduta. Nun schöpften die Ojibway Verdacht, kamen zu dem einsamen Zelt und fanden alle ihre Späher tot. Sie folgten Machpi-topas und Wadutas Spur zum Hauptdorf. Auf dem Eis wurde eine große Schlacht geliefert, die auf beiden Seiten viele Opfer forderte. Infolgedessen siedelten die Sioux später an den Mississippi über.«

Ich wurde müde, rollte mich fest in meine Büffeldecke und schlief bald ein.

Meines Onkels Abenteuer

Es war ein herrlicher Herbsttag«, begann meine Großmutter zu erzählen. »Wir lagerten an einem See, an dem wir zwei Monate früher wilden Reis geerntet hatten; nun waren wir zur Entenjagd zurückgekehrt. Alle waren munter und wohlauf. Enten wurden in ungezählten Mengen geschossen, und abends pirschten die Männer bei Fackelschein in Kanus die Ufer entlang auf Wild. Aber ach! Das Leben besteht aus guten und schlechten Zeiten, und wenn wir am glücklichsten sind, so zieht am leichtesten ein Unglück herauf.

So wurde einer dieser friedlichen Tage plötzlich durch einen schrecklichen Kriegsruf gestört! Dein Vater, Ohijesa, war damals ein ganz junger, sehr ehrgeiziger Krieger, so daß ich zu Kriegszeiten um seinetwillen stets in großer Sorge war. An deinen Onkel Magischer Talisman, der damals erst fünfzehn Jahre alt war, dachte ich nicht weiter, hatte er sich doch nie um Kriegsangelegenheiten gekümmert.

Unser Lager geriet in große Aufregung, und als die Krieger gegen den Feind ausrückten, wurde ich fast von dem Anblick deines Onkels unter ihnen überwältigt! Ihn zurückzurufen, hätte keinen Zweck gehabt – ich betete aber in dem Augenblick zu dem Großen Geheimnis, es möge mir meinen Sohn sicher heimbringen. Nie, so lange ich lebe, werde ich die Ereignisse jenes Tages vergessen. Viele Helden blieben auf dem Schlachtfeld, auch zwei der besten Freunde deines Onkels. Nach beendetem Kampf kehrte mein Sohn heim; er blutete aus mehreren Wunden und hatte sein Gesicht zum Zeichen der Trauer um seine Freunde geschwärzt. Ich aber wußte, daß er sich als tapferer Krieger bewährt hatte.

Das war der Anfang von deines Onkels Kriegerlaufbahn. Er hat nicht nur deinen Vater und Großvater übertroffen, nein, außer Rasselndem Donner hat er mit seinem kühnen Wagemut alle seine Vorgänger in den Schatten gestellt.«

So erzählte meine Großmutter von der Feuertaufe ihres dritten Sohnes, Magischer Talisman. Er errang sich im Laufe der Zeiten noch manchen anderen Namen: Großer Jäger, Langes Gewehr und Weiße Fußspur. Seine Lieblingswaffe war eine Kentuckier-Büchse, die er viele Jahre lang trug. Der Schaft war ihm mehrere Male zerbrochen, er machte sich aber stets einen neuen. Mit diesem Gewehr übertraf er in der Sicherheit des Zielens alle seine Zeitgenossen. Er nannte die Waffe: Ischta-bopopa, das heißt: Er-schießt-ins-Auge.

Mein Onkel, der zehn Jahre Vaterstelle an mir vertrat, war beinahe ein Riese, dabei so gerade wie ein Pfeil und sehr regelmäßig gewachsen. Sein Gesicht war nichts weniger als schön. Er war ein Mann der Tat, der sich mit Worten nicht gern lange aufhielt, und hatte eine sehr ruhige und zurückhaltende Art. Unter dem Schleier indianischer Verschwiegenheit barg sich ein unerschöpflicher Vorrat von Witz und Humor; diese Charakterseite zeigte sich aber nur seiner Familie oder den nächsten Freunden. Wenige Männer kannten die Natur so genau wie er. Nichts konnte ihn mehr verstimmen als falsche Naturschilderungen; ich habe oft gedacht, daß er ein Mann wie Darwin oder Agassiz geworden wäre, wenn er Bildung und Erziehung gehabt hätte. Er war immer bescheiden und nie selbstbewußt beim Erzählen seiner Abenteuer. »Ich habe oft Gefahren ins Auge geschaut, doch haben sie mich niemals überwältigt«, pflegte er zu sagen. »Nur zweimal in meinem Leben erschrak ich wirklich und verlor für einen Augenblick die Geistesgegenwart.

Einmal verfolgte ich einen starken Hirschbock, den ich verwundet hatte. Es war im Winter nach heftigem Schneefall. Endlich lag der Bock tot vor mir, und ich untersuchte ihn hastig. Plötzlich erspähte ich zwei Ohrenspitzen, etwa zwanzig Schritt vor mir, die gerade hinter einer Schneewehe hervorlugten. Ich tat, als sähe ich gar nichts, drehte mich jedoch sehr schnell nach meinem Gewehr, das an einem Baum lehnte, um und riß im selben Augenblick mein Messer aus dem Gürtel. Der Puma, denn ein solcher war es, griff mich mit einem plötzlichen Sprung an. Ich versuchte auf die Seite zu springen, aber er war zu schnell für mich, packte mich mit seiner großen Tatze an der Schulter und warf mich nieder. Wie es kam – ich weiß es nicht, aber merkwürdigerweise hielt er seine Beute nicht fest, sprang wieder in den Schnee, duckte sich und wollte augenscheinlich von neuem angreifen. Ich war halb betäubt und von dem Schlag verwirrt, wäre ihm daher in dem Augenblick leicht zum Raube geworden. Als er mich aber losließ, kam ich wieder zum Bewußtsein und sah, daß ich neben meinem Gewehr niedergeschlagen war! So stand ich auf, zielte zwischen die Ohrenspitzen und gab Feuer. Ich sah den frischen Schnee auf der Stelle aufwirbeln. Der Puma sprang zwei Meter gerade in die Höhe und fiel dann bewegungslos nieder. Da stieß ich zwei laute Kriegsrufe aus, weil ich einen furchtbaren Feind besiegt hatte, und setzte mich auf seinen Körper zum Ausruhen nieder. Mein Herz schlug zum Zerspringen; ich war so überwältigt, weil ich keinerlei Gefahr erwartet hatte.

Das andere Mal traf mich's im Sommer auf der Ebene. Ich war gewohnt, im Walde zu jagen, und hatte noch nie eine Büffeljagd zu Pferde mitgemacht. Jung, wie ich war, wollte ich es natürlich den andern gleichtun; so sattelte ich mein Pony. Ich hatte ein schnelles Tier und ein gutes Gewehr, zog jedoch bei dieser Gelegenheit Bogen und Pfeile vor.

Es war die Jahreszeit, in der die Büffel in großen Herden umherziehen und die Bullen bösartig sind. Mich beunruhigte das durchaus nicht, ich dachte nur an die Aufregungen und Erfolge der Jagd.

Eine weite Ebene, nahe dem Sourisfluß, wurde von einer sehr großen Herde belebt. Der Tag war schön, und wir kamen sehr leicht an sie heran. Ich hatte einen Köcher voll Pfeile und einen Bogen, dessen Rückseite mit Sehne belegt war, um die Spannkraft zu erhöhen.

Schnell überholte ich mit meinem Pony alle andern, so daß ich zuerst mitten unter die Bullen, die sehr langsam sind, geriet. Sie warfen mir so bösartige Blicke zu, daß ich zu den Kühen jagte. Ich war bald in eine mächtige Staubwolke gehüllt und vollständig von der Herde eingeschlossen; die Tiere waren bereits auf der Flucht und machten mit ihren Hufen einen donnerartigen Lärm.

Ich konnte in dem Augenblick nur an meine eigene Lage denken, und das verwirrte mich, schien sie mir doch verzweifelt. Hätte mein Pony, das in vollem Galopp dahinjagte, das Unglück gehabt, in ein Dachsloch zu treten, so würde ich in einem Augenblick zermalmt worden sein. Hätte ich angehalten, so würden sie mich und mein Tier überrannt haben. Ich glaubte, mein Pferd müsse jeden Augenblick vor Erschöpfung niedersinken. Was sollte dann aus mir werden? –

Endlich raffte ich mich zu ruhigem Nachdenken über meine Lage auf, stieß einen Schrei aus und fing an, nach rechts und links zu schießen. Sehr bald war alles, bis auf einige alte Bullen, von mir gewichen. Die Herde hatte sich zerstreut, und ich war meilenweit von meinen Gefährten entfernt.

Sind wir wirklich in Gefahr, dann tun wir oft das Unzweckmäßigste, was man unter solchen Umständen tun kann. Wir halten uns am liebsten für tapfer, wenn wir gerade am allerfurchtsamsten sind. Ich habe beobachtet, daß mindestens die Hälfte unserer Jünglinge Kriegsrufe ausstößt, weil sie fürchtet, daß ihr Schweigen ihren Mut beeinträchtigen könnte. Ich glaube, wirklich tapfer ist man nur, wenn man nach ruhiger, langsamer Überlegung handelt.«

Ich bat meinen Onkel, mir mehr von seinen Jagdabenteuern zu erzählen. »Einmal«, so berichtete er, »kam ich beim Jagen sehr weit von unserem Zelt ab, so daß ich im Freien nächtigen mußte. Ich hängte von meiner Jagdbeute einige Fleischstücke in verschiedener Richtung auf und machte Feuer an. Es war ein prächtiger Vollmondabend.

Nachdem ich etwas Wildbret gekocht und verzehrt hatte, rollte ich mich in meine Decke, nahm mein Ischta-bopopa in den Arm und legte mich ans Feuer. Kaum lag ich, als das Geheul von Präriehunden und das Geschrei eines Stachelschweins zu mir herübertönten. Zuerst machte sich das Stachelschwein an die leckere Fleischmahlzeit, bald aber näherten sich auch zwei Präriehunde, die ich niederschoß.

Über mir befand sich eine mit Bäumen bestandene, felsige Schlucht, aus der mich plötzlich ein mich mit Besorgnis erfüllender Laut, die Stimme eines Berglöwen, aufschreckte. Ich nahm einen Holzklotz, wickelte ihn in die Decke und legte ihn statt meiner ans Feuer. Ich selbst kletterte mit meinen Waffen auf den nächsten hohen Baum.

Da näherten sich zwei graue Wölfe, die sich mit Gier auf das Fleisch stürzten. Einen von ihnen erlegte ich.

Plötzlich hörte ich einen schweren Fall; die brennenden Holzscheite stoben auseinander und meine Decke mit dem Holzklotz wurde unter Knurren und Grollen umhergewälzt. Ich streckte den Panther – denn ein solcher war es – mit meinem Pfeil nieder.

Im Osten zog der erste graue Dämmerschein herauf. Todmüde, wie ich war, band ich mich mit einem Lederstrick auf meinem Ast fest und schlief bald ein.

Plötzlich schreckte mich ein Gewehrschuß unter mir auf, und der Baum, auf dem ich saß, wurde mit rasender Gewalt geschüttelt. Mein Gewehr war beim Schütteln heruntergefallen und losgegangen. Der Grislybär – denn der war der Angreifer – nahm die Waffe und schleuderte sie heftig von sich. Ich schoß ihm mehrere Pfeile in den Leib, so daß er im Walde verschwand und starb.

Allmählich war es Tag geworden, und ich kletterte von meinem unbequemen Gipfel herab. Es war ein eigenartiges Abenteuer gewesen, denn es kommt selten vor, daß man in einer Nacht so viele Tiere sieht.«

DER BÄRENTANZ[31]

Es war einer der abergläubischen Gebräuche der Santee-Sioux, Krankheiten zu behandeln mit Rücksicht auf irgendein mythisches Wesen oder Tier, von dem man annahm, daß es einen magischen Einfluß auf das Leben oder Befinden des Kranken gewonnen habe. Der Mann oder Jüngling, welcher glaubte, von einem mythischen Bären einen besonderen Ruf zu dem Amte eines Medizinmannes oder Kriegshäuptlings erhalten zu haben, durfte diesen Ruf nicht unberücksichtigt lassen; andernfalls mußte er sich auf seinen frühzeitigen Tod oder auf den Verlust eines geliebten Kindes oder Freundes gefaßt machen. Die Befehle der übernatürlichen Wesen mußten bis zu einem gewissen Lebensalter und zu einer gewissen Jahreszeit ausgeführt werden. Gelegentlich konnte ein Jüngling mit Rücksicht auf seine Jugend von dieser Verpflichtung befreit werden.

Einer meiner nächsten Freunde war schwer leidend, ich glaube, er hatte die Schwindsucht. Wie ich, so hatte auch er eine Großmutter, der er rückhaltloses Vertrauen schenkte. Die Frau war sehr ehrgeizig und anspruchsvoll; sie wollte um jeden Preis für eine bedeutende Medizinfrau gelten. Viele wurden von ihr getäuscht, denn sie war in Wirklichkeit eine Betrügerin, gab nie Medizin, sondern wollte jede Krankheit nur durch Beschwörungen heilen.

Zu jener Zeit wurde das Befinden meines kleinen Freundes, trotz der angeblichen Fähigkeiten seiner Großmutter, zusehends schlechter. Endlich machte ich ihn darauf aufmerksam, daß meine Großmutter eine sehr geschickte, arzneikundige Frau sei. Daraufhin erklärte er mir, jede alte Frau, die nach Wurzeln grübe, könne arzneikundig sein, dazu bedürfe es keiner übernatürlichen Gaben; hingegen könne keine ohne höhere Macht und Auftrag Krankheiten bekämpfen. Ich verteidigte meine Großmutter damit, daß in den Kräutern selbst übernatürliche Kräfte verborgen seien und daß denen, die diese Kräfte kennen und verstehen, auch die Macht verliehen sei, sie zu verwerten.

»Aber«, meinte mein Freund dagegen, »man muß vom Großen Geheimnis dazu berufen sein.«

Das brachte mich allerdings zum Schweigen, erschütterte jedoch nicht den Glauben an meiner Großmutter Geschicklichkeit.

Rothorn war ein guter Knabe, den ich lieb hatte. Ich besuchte ihn oft und fand, daß er von Tag zu Tag schwächer wurde.

»Ohijesa«, sagte er mir eines Tages, »meine Großmutter hat den Grund meiner Krankheit gefunden.«

»Kann sie dich denn nun gesund machen, Rothorn?« rief ich beglückt aus.

»Natürlich kann sie es nicht, ehe ich nicht dem höheren Befehl gehorcht habe. Ich habe ihr bekannt, daß ich vor zwei Jahren eine Vision hatte und daß ich dementsprechend meinen Bärentanz letztes Frühjahr, als ich dreizehn Jahre alt war, hätte ausführen und mich als Medizinmann hätte erklären sollen. Ich schämte mich, mich in so jungen Jahren als Medizinmann ausrufen zu lassen; dafür werde ich nun gestraft, doch meint meine Großmutter, daß es noch nicht zu spät sei. Ohijesa, ich bin so schwach wie ein gichtkranker alter Mann und kann kaum stehen. Man sagt, ich dürfe jemand bestimmen, der für mich die Sache ausführt. Er müsse Bär sein – ich brauche dann nur im Loch zu bleiben. Würdest du, Ohijesa, den Bären für mich machen? – Du weißt, er muß die Tänzer von seiner Höhle verjagen.«

»Rothorn«, erwiderte ich sehr verlegen, »ich bin glücklich, wenn ich etwas für dich tun kann, aber ein Bär kann ich nicht sein. Ich bin nicht stark und groß genug dazu und kenne den Tanz zuwenig; ich glaube, du würdest mit mir nicht gut fahren.«

Rothorn entschied sich darum endlich dafür, einen größeren und kräftigeren Knaben zu bitten, die Sache für ihn zu übernehmen. Einige Tage später rief ein Herold aus, daß mein Freund einen Bärentanz veranstalten und sich dabei öffentlich als Medizinmann vorstellen würde. Es war das größte Ereignis seines kurzen Lebens, hatte doch sein Leiden seine Lebenskraft bereits zu tief erschüttert. Natürlich sahen alle ein, daß ein kräftiger Jüngling die wilde Natur des Tieres, nach dem der Tanz benannt ist, darstellen müsse.

Der Bärentanz war gleichzeitig Unterhaltung, religiöse Feier und Kur für Leidende. Sonderbarerweise durfte keine Frau, außer wenn sie selbst Bär war, an diesem ausgelassenen Fest teilnehmen.

Die Höhle wurde für gewöhnlich etwa zweihundert Meter vom Lager an einem ebenen Platz ausgegraben. Sie war reichlich einen halben Meter tief und maß etwa zwei Meter im Quadrat; über ihr wölbte sich eine Hütte von Zweigen mit vier Ausgängen. Sang der Bärenmann, so sammelten sich alle Knaben und Männer und tanzten um die Höhle herum; kam er heraus und verfolgte sie, so zogen sie sich hastig zurück. Berührte einer den Bärenmann, ohne von ihm berührt zu werden, so hatte er Aussicht, in einer künftigen Schlacht einen Feind zu überwältigen. Wurde einer von dem Bärenmann berührt, so nahm man das Gegenteil an. Am meisten Angst verursachte der Glaube, daß einer bei der Verfolgung des Bärenmanns zufällig stolpern oder fallen könnte; das bedeutete für ihn oder einen seiner nächsten Angehörigen einen plötzlichen Tod.

Knaben meines Alters waren bei diesem Tanz allerlei Gefahren ausgesetzt. Sie schlugen, wo sie nur konnten, mit einer kurzen Gerte nach dem Bärenmann, während die älteren Männer mit Pulver nach ihm schossen. Ich stelle es jedem frei, zu glauben, daß ich die mir von meinem Freund Rothorn angetragene Ehre ablehnte, weil ich Angst vor Pulver hatte und es vorzog, mich am Tanz zu beteiligen; ich strebte natürlich danach, den Bärenmann so oft als möglich zu berühren, ohne von ihm gefaßt zu werden.

Es war ein herrlicher Sommertag. Der Blumenflor im Walde hinter unserem Lager duftete auf das lieblichste. Die Zelte standen am Ufer eines großen Sees, den wir Mde-tanka, großer See, nannten. Seine sanften Wellen kühlten die Luft. Wasserhühner flogen über seinen Spiegel, und die Vögel, die über uns fort zogen, drückten lärmend ihr Staunen über die Unruhe in unserem Lager aus.

Der Herold mit seiner schnarrenden Stimme machte seinen Rundgang, um das Tagesereignis zu verkünden. Dann kamen die Vorbereitungen! Die äußere Erscheinung, in der unser Volk sich bei solchen Gelegenheiten außerhalb des Zeltes zeigte, wurde stets mit großer Sorgfalt vorbereitet.

Genau kann ich nicht beschreiben, wie ich angetan und bemalt war, doch glaube ich, daß nur sehr wenig von meiner braunen Haut frei blieb. Die anderen waren in ähnlicher Weise mit Federschmuck, klingenden Anhängseln oder Farben ausgestattet. Bald hörte ich den dumpfen Laut der Trommel und einige Kriegsrufe jugendlicher Krieger aus der Richtung des Bärenzeltes. Als ich mich unter die buntscheckige Versammlung mischte, hörte ich, daß des Bärenmannes Trommel bereits geschlagen wurde, und sehr bald fing er an zu singen. Das war die Aufforderung zum Tanz.

Ein alter Krieger gab das Zeichen, und wir stürzten uns alle, gleich Hunden, die einen Fremdling angreifen, auf die Höhle. Wir tobten, schrien und grölten um die schützende Laubhütte in wilden Sprüngen. Trotz der scheinbaren Unordnung beobachtete doch jeder Teilnehmer aufs schärfste jede geringste Bewegung des Bärenmannes.

Plötzlich gab einer den Warnungsruf, und fort waren wir, im rasenden Lauf ging's über die kleine Ebene zwischen Höhle und Dorf. Jeder schien um sein Leben zu laufen; plötzlich merkte ich, daß ich um einige Ellen hinter den übrigen zurück war. Ich war kühn vorwärts gegangen, weil ich es mit einigen Kameraden, die ich beim Wettlauf meistens übertraf, und die es ebenso machen wollten, verabredet hatte. Es schien aber, als hätten sie sich anders besonnen, und so war ich allein. Ein- oder zweimal schaute ich trotz des starken Laufs rückwärts und bildete mir ein, daß mein Verfolger noch viel furchtbarer als ein wirklicher Bär aussähe. Er war in einem entsetzenerregenden Aufzug, fürchterlich bemalt, um das Volk zu schrecken. Ich wünschte durchaus nicht, daß die anderen merken sollten, daß ich Angst hätte, darum versuchte ich, einen Kriegsruf auszustoßen. Meine Kehle war jedoch in dem Augenblick so trocken, daß der Ruf recht jämmerlich klang.

Gerade als ich glaubte, eingeholt zu werden, verlangsamten die Tänzer, die mich so eilig verlassen hatten, ihre Flucht und vergnügten sich damit, den Bärenmann mit blinden Gewehrschüssen und langen Gerten zu quälen. Jetzt jagten sie ihn, so daß er sich wieder in seine Höhle zurückzog.

Wir ruhten, bis das Tom-Tom und der Gesang wieder ertönten, und gingen damit mit erneutem Eifer zum Angriff vor. Diesmal paßte ich besser auf. Ich rannte bei der Flucht davon, noch ehe das Warnungszeichen gegeben war, denn ich sah, wie der Bärenmann sich zum Sprung auf die Tänzer rüstete. So hatte ich genug Vorsprung und konnte beobachten, was vor sich ging. Der Bärenmann verfolgte wieder die schreiende, sich zurückziehende Menge, während ihm von den Schnellfüßigsten übel mitgespielt wurde. Er war sehr aufgeregt und verfolgte verzweifelt einen im mittleren Alter stehenden Mann, der sich öfters umwandte und sein Gewehr auf ihn abfeuerte. Plötzlich aber stolperte der Mann über eine Bodenerhöhung und fiel hin. Sein Verfolger stürzte über ihn. Die Erregung war groß. Der Bärenmann kehrte zu seinen Gefährten zurück, die Tänzer sammelten sich in kleinen Gruppen und redeten leise miteinander.

»Ist das nicht ein Unglück?« »Der sicherste Läufer von uns allen!« »Muß er sterben?« »Oder gar seine schöne Tochter?«

Der Mann, dem diese Reden galten, äußerte kein Wort. Er ließ den Kopf hängen, erhob sich erst nach einer Weile und sprach dann in entschlossenem Ton:

»Unser aller Zeit ist bestimmt, und wenn uns das Große Geheimnis ruft, müssen wir so froh und freudig antworten, als sei es der Ruf eines unserer Kriegshäuptlinge hier auf Erden. Für mich bin ich nicht traurig, nur – wenn meine Uinona dem Rufe folgen müßte, das würde mein Herz brechen.«

Keiner erwiderte etwas. Dann erscholl das Tom-Tom

zum letzten Male, und der Tanz begann von neuem. Der unglückliche Mann mischte sich nicht unter uns, sondern ging zum Ratszelt, in dem die weisen, alten Männer gemütlich die Pfeife rauchten. Verwundert sahen sie ihn eintreten; er warf sich auf ein Büffelfell, stützte den Kopf mit der rechten Hand und erzählte, was sich ereignet hatte. Daraufhin riefen die Alten wie aus einem Munde: »Es geht immer in Erfüllung!« Der Mann schwieg dazu.

Indessen waren wir vergnügt bei unserem letzten Tanz, und als sich der Bärenmann endlich völlig zurückzog, versammelten wir uns um die kleine Laubhütte, um dem kranken Bärenmann unsere Glückwünsche darzubringen. Zu unserem Erstaunen hörten wir den Ruf: »Er ist tot! Rothorn, der Bärenmann, ist tot!« Wir alle stürzten zu ihm hin. Mein armer Freund Rothorn lag tot in der Höhle.

Im selben Augenblick entstand eine neue Unruhe im Lager. Jedermann rannte zum Ratszelt. Ein bekannter Medizinmann wurde eiligst dorthin gerufen. Aber ach! Den beim Tanz gestürzten Mann hatte ein schneller Tod ereilt. Wieder einmal hatte sich dem Volk ein indianischer Aberglaube bestätigt.

DAS JUNGFRAUENFEST

Die alten Indianer hatten mancherlei eigenartige Bräuche zur Kräftigung und Reinerhaltung ihres Volkscharakters. Vielleicht der merkwürdigste dieser Art war das jährlich wiederkehrende Jungfrauenfest. Ein oberflächlicher Beobachter würde wohl kaum die volle Kraft und Bedeutung dieser Handlung verstehen.

Das letzte Fest, das ich miterlebte, wurde in der Festung Ellis in Manitoba um das Jahr 1871 gefeiert. Auf dem flachen Lande, gerade hinter dem alten Handelsplatz, reichlich dreihundert Meter über dem rauschenden Assiniboine, lag, von Wäldern umgeben, ein natürliches Rundtheater. An einem Ende stand die alte Festung, die seit 1830 von den nördlichen Stämmen benutzt wurde, um Pulverhörner und Bleisäcke zu füllen und mit ihren Pelzwaren zu handeln.

Dieser Platz war ein Vereinigungspunkt der abtrünnigen Sioux, Assiniboines, Crees und kanadischen Stämme, die sich alle freundschaftlich standen. Zwar gab es darüber keine festen Regeln, aber es war bei allen Stämmen Sitte, sich hier im Monat Juli zu treffen.

Die Hudsonbuchtgesellschaft hatte stets einen guten Vorrat an roten, blauen, grünen und weißen Decken, auch buntfarbig schillernden Stoffen, so daß es bei Gelegenheit der Sommerfestlichkeiten den Indianern nicht an lichten, bunten Kleidern mangelte, Farben wurden nach Belieben gekauft. Die Mode gebot, die mit Stachelschweinborsten und Perlen reich verzierten hirschledernen Gewänder mit kurzen Ärmeln zu tragen.

Solange es ihnen gut geht, sind die Indianer das glücklichste Volk der Welt. Vergnügen gab es jeden und alle Tage, und jedermann durfte sich voll und ganz der Freude daran hingeben. Die Armen genossen diese Feste am meisten, da immer dem betreffenden Ereignis zu Ehren den Bedürftigen reichlich gespendet wurde. Wohlhabende Familien waren es ihrem Ansehen und Stande schuldig, öffentliche Feste zu veranstalten und bei diesen Gelegenheiten wertvolle Geschenke zu verteilen.

An einem klaren Sommermorgen, als wir noch gerade dabei waren, unsere Mahlzeit – getrocknetes, in Streifen geschnittenes Büffelfleisch – zu verzehren, hörten wir den Herold der Uachpetonwan auf seinem scheckigen Pony um unser Lager reiten.

Weißen Adlers Tochter, die Jungfrau Roter Stern, lädt die Mädchen aller Stämme zu ihrem Feste ein. Es findet im Uachpetonwanlager statt, ehe die Sonne den höchsten Stand erreicht hat. Alle in gutem Rufe stehenden Jungfrauen sind hiermit geladen. Auch die Jünglinge werden um ihr Erscheinen gebeten.

Als der Herold die Runden in den verschiedenen Lagern abgeritten hatte, fanden die Mädchen sich allmählich in großer Zahl zusammen und rüsteten sich zum Aufbruch. Es ging bei Gelegenheit dieser wilden Vergnügungen gar lebhaft zu in der Festung. Dieses eigenartige Fest galt teilweise auch als heilige Handlung. Für die jungen Männer war es eine Gelegenheit, die tugendhaften Mädchen ihres Stammes kennenzulernen.

Es kamen manchmal vor Ende des Tages große Überraschungen ans Licht. Jeder Jüngling war berechtigt, jedes Mädchen, von dessen Unwürdigkeit er überzeugt war, öffentlich anzuklagen. Aber wehe ihm, wenn er keine sicheren Beweise hatte! Der Mann, der eine Unschuldige anklagte, entging nur mit knapper Not dem Tode.

Die männliche Jugend hatte ein ähnliches Fest, bei dem die größte Ehre denen zuteil wurde, die noch nie einem Mädchen den Hof gemacht hatten. Man erachtete solches Tun für lächerlich, ehe man nicht kriegerische Ehren errungen hatte, und die Neulinge waren sehr solz auf ihre Selbstbeherrschung.

Die Mädchen kamen einzeln oder in Gruppen aus den verschiedenen Lagern zum Festplatz; sie trugen entweder hellfarbige Kattungewänder oder schwere, bestickte und befranste Hirschlederkleider. Ihre weichen Wangen und der mittlere Teil ihres glänzenden Haares waren mit Zinnober gefärbt. Alle brachten ihre hölzernen Eßnäpfe mit. Einige, die beträchtliche Entfernungen zurückzulegen hatten, kamen auf Ponys an; manche ritten sogar zu zweien auf einem Pferd.

Die Jungfrauen gruppierten sich um einen kegelförmigen Fels. Der untere Teil des Steines war rot bemalt, und zu beiden Seiten steckten zwei neue Pfeile leicht im Erdboden. Dies stellte eine Art Altar vor, zu dem jedes Mädchen, ehe es den ihr bestimmten Platz im Kreise einnehmen durfte, herantreten und erst den Stein, dann die Pfeile berühren mußte. Näherte sich ein Mädchen dem Altar, so entstand Lärm unter den Zuschauern; es rief wohl auch ein grober Jüngling: »Nimm dich in acht! Du rennst ja den Fels um! Du trittst ja die Pfeile nieder!«

Solche Bemerkungen konnten ein Mädchen nervös machen, besonders eines, das vielleicht kein gutes Gewissen hatte.

Unmittelbar hinter dem Jungfrauenkreis war der Frauen- oder Mütterring. Diese Gesellschaft war beinahe ebenso interessant zu beobachten wie die der jungen Mädchen. Die alten Frauen schauten mit äußerster Spannung auf jede Miene, jede Bewegung ihrer Schützlinge. Wie sorgfältig hatten sie sie doch unterwiesen und belehrt, wie sie sich zu benehmen hätten.

Es war wohl die großartigste derartige Versammlung, die jemals stattgefunden hat. Der Tag war herrlich. Die Crees erschienen in einzelnen Gruppen und glänzten mit ihrer charakteristischen Reiterei; die Assiniboines kamen mit ihren von roter Farbe strotzenden Pompadours[32]. Die verschiedenen Siouxstämme waren alle, altem Brauch gemäß, auf das sorgfältigste gekleidet und hoben ihre alten Volkssitten auch in ihrem Benehmen stark hervor. Die Umwohner der Festung waren vollzählig anwesend, und es fiel durchaus nicht auf, wenn ein weißes Mädchen an dem Fest teilnahm.

So war die ganze Bevölkerung versammelt, und scheu betraten die Mädchen den Kreis. Die einfachen Bräuche, die dem Essen vorangingen, waren beinahe vollzogen, als bei den jungen Uachpetonwan-Sioux plötzlich Unruhe entstand. Alle Mädchen blickten angstvoll gespannt zu dem Schauplatz der Störung hin. Bald darauf löste sich ein großer Jüngling aus der Menge der Zuschauer und näherte sich dem Jungfrauenkreis. Die Frauen starrten ihn mit solchen Blicken an, daß es ein Wunder war, daß er diesem

Angriff ruhig standhielt, aber sicheren Schrittes ging er an ihnen vorbei und trat auf die Jungfrauen zu.

Endlich stand er neben einem niedlichen Assiniboinemädchen aus guter Familie still und sagte:

»Es tut mir leid, doch altem Brauch folgend, dürftest du heute nicht hier sein.«

Das Mädchen erhob sich in großer Verwirrung, erlangte jedoch bald seine Fassung wieder.

»Was willst du?« fragte es unwirsch. »Dreimal bist du zu mir gekommen, um mir schön zu tun; jedesmal weigerte ich mich, dir zuzuhören und habe dir den Rücken gewandt. Zweimal war ich mit Maschtinna zusammen; sie kann bezeugen, daß es wahr ist. Das dritte Mal war ich Wasser holen gegangen, da paßtest du mich ab und batest mich, dir zuzuhören. Ich weigerte mich, weil ich dich nicht kannte. Makatopaui weiß, daß ich nur wenige Minuten an jenem Abend fort war, sonst habe ich dich überhaupt nirgends gesehen und kennengelernt.«

Der junge Mann konnte sich diesen klaren Anschuldigungen gegenüber nicht rechtfertigen, und man erkannte deutlich, daß er nach einem Anlaß gesucht hatte, um für die Weigerung des Mädchens Rache zu nehmen.

»Wehe! wehe! Straft ihn! straft ihn!« befahl der indianische Polizeihäuptling. Der freche Jüngling wurde in eine nahegelegene Schlucht getrieben, um dort die wohlverdiente Züchtung zu empfangen.

Das junge Mädchen, das auf diese Weise ihren guten Ruf wiederhergestellt hatte, kehrte in den Kreis zurück, und nun nahm das Mahl seinen Anfang. Der Jungfrauengesang ertönte, und die Mädchen umtanzten viermal den Altar. Beim Abschied gelobte jedes Mädchen nochmals, tugendhaft zu bleiben, bis es dem erwählten Manne in die Ehe folgen würde.

ALTE SAGEN

Eine Erzählung vom Heiligen See[33]

Nachdem Rauchiger Tag gestorben war, ehrte man den alten Weyuha als bedeutendsten Geschichtenerzähler bei den Uachpetonwan-Sioux.

»Guter Weyuha, erzähle mir eine Geschichte aus deines Vaters Heimat«, bat ich eines Abends; wußte ich doch, daß das Land, welches jetzt Norddakota und Südmanitoba heißt, früher ein Jagdgebiet unseres Stammes gewesen war. Da der alte Mann in unserem Zelte gespeist hatte, erhielt ich von Untschida die Erlaubnis zu dieser Bitte. Er reichte meinem Onkel die Pfeife und begann:

»Vor vielen Jahren reisten wir vom Otternschwanzfluß nach dem Mini-wakan, dem Heiligen See. Der Hügel, unter dem Tschotanka begraben liegt, war in jener Zeit noch weithin sichtbar. Seine Stammesleute sorgten gut für seine Erhaltung.

Dieser Hügel, unter dem der große Medizinmann ruht, befindet sich auf dem Mini-wakan Tschante, das heißt: das Herz des Heiligen Sees, der höchsten Erhöhung in der ganzen Gegend. Er gleicht einem auf seine Breitseite gestellten Tierherzen mit nach oben gewandter Spitze.

Warum dieser Hügel Mini-wakan Tschante oder das Herz des Heiligen Sees heißt, will ich dir jetzt erklären. Der Name hat sich von Geschlecht zu Geschlecht vererbt und geht noch weiter als in die Zeit meiner Urgroßeltern zurück. Diese Sagen gehörten Tschotankas Familie an und wurden von ihr heiliggehalten; als er dann starb, wurden die Geschichten Allgemeingut, und keiner glaubte mehr an sie. Damals erzählte man sie so.«

Ich saß, völlig versunken in die Erzählung, dem alten Manne gegenüber und schaute ihm gerade ins Gesicht. Jetzt jedoch atmete ich tief auf und setzte mich so, daß er nicht durch die geringste Bewegung von mir in seiner Rede gestört werden konnte. Diese Höflichkeit war uns anerzogen, aber ich war sehr lebhaft und vergaß mich manchmal.

»Vor langer Zeit waren die Rothäute zahlreich und bewohnten das ganze Land, vom kältesten Norden hinunter bis zur Region des immerwährenden Sommers. Es scheint, daß sie alle eine Sprache hatten und alle untereinander befreundet waren.

In jenen Tagen achtete man alle Tiere den Menschen gleich. Der Büffel, der Wapiti und die Antilope standen in besonders hohem Ansehen. Die Bären galten zwar als kleinerer Stamm, doch gehorchten sie den Geboten des Großen Geheimnisses und waren seine Lieblinge; aus diesem Grunde besaßen sie ein besonderes, medizinisches Wissen und standen in großer Achtung. Ebenso hatten die Wölfe in jener Zeit einen guten Ruf, doch Büffel, Elche, Wapiti, Wild und Antilopen waren die maßgebenden Tiere.

Diese hatten alle eine sehr hohe Meinung von sich, hielten sich für sehr wichtig und glaubten, keiner könne ihnen widerstehen. Der Büffel machte Jagd auf kleinere Tiergattungen und rottete deren viele aus. So hielt es das Große Geheimnis eines Tages für das beste, die Stämme in ihrer Art und Sprache zu verändern.

Es baute ein mächtiges Zelt und hielt es zehn Tage lang ganz dunkel. Dann wurden die verschiedenen Tierstämme in das Zelt geladen, und als sie wieder herauskamen, war eine große Veränderung mit ihnen vorgegangen; manche konnten überhaupt nicht mehr sprechen. Sie erhielten eine Zeichensprache, die außer einigen Medizinmännern kein Mensch versteht, und die sie, ohne in schwerste Strafe zu verfallen, nicht verraten dürfen.

Der Büffel trat als allerschwerfälligstes von allen Tieren aus dem Zelt heraus. Wapiti und Elch waren mit großen Geweihen belastet, während Antilopen und Hirsche nur ihren schnellen Lauf zum Schutz vor den anderen Tieren behielten. Den Bären und Wölfen wurden alle anderen Tiere zum Raub gegeben.

Der Mensch war nun allein. Das Große Geheimnis gestattete ihm bei dem Wechsel, seine Gestalt und Sprache zu behalten. Er war König über alle Tiere, aber sie gehorchten ihm nicht. Von jenen Tagen an lebt der menschliche Geist vor seiner körperlichen Geburt in den Tieren. Da lernt er die Sprache der Tiere, die er aber später in menschlicher Sprache nicht mehr auszudrücken vermag. Seine Beziehungen zu den Tieren bleiben ihm erhalten, doch er kann mit ihnen nur im Traum reden. Ich darf nicht vergessen, zu erwähnen, daß das Große Geheimnis sein Zelt eben in diesen Gegenden aufstellte. Einige Sagen erzählen, der Mini-wakan Tschante selbst sei das Zelt gewesen und sei später zu Stein und Erde geworden. Von den Tieren waren in dem Miniwakan, dem geheimnisvollen Wasser, viele gewaschen und verändert. Es ist das einzige salzige Inlandwasser, das wir kennen, und kein lebendes Tier kann darin bestehen.«

»Sag mir«, unterbrach ich eifrig, »ist's für Menschen auch so gefährlich?«

»Ja, wir glauben es«, meinte er. »Kein Indianer hat sich je in diesen See gewagt; daher ist es für uns eben geheimnisvoll.

Jetzt will ich dir aber weiter von Tschotanka erzählen. Er war wohl der bedeutendste Medizinmann, der je gelebt hat. Er sagte, er habe, bevor er als Mensch geboren sei, in der Gestalt eines Grislybären gelebt.« Weyuha wurde hierbei sehr ernst und begann nun, Tschotankas Leben als Bär zu schildern.

»Er pflegte selbst zu erzählen: ›Meine Heimat lag, als ich noch Bär war, angesichts des Mini-wakan Tschante. Ich lebte einen Winter bei meiner Mutter; meines Vaters erinnere ich mich nur aus allerfrühester Kindheit.

Meine erste Erinnerung knüpft sich an einen Büffelschädel, den ich in der Nähe unserer Behausung gefunden hatte und mit dem ich spielte. Eines Tages sah ich eine fremdartige Gestalt auf mich zukommen. Sie ging auf zwei Beinen, trug einen gebogenen Stock und rote, mit Federn geschmückte Gerten in den Händen. Sie warf eine dieser Gerten nach mir, ich zeigte ihr meine Zähne und zog mich in unsere Höhle zurück.

Da kamen Vater und Mutter mit einem Büffelkalb heim. Sie warfen das tote Tier hin und liefen dem wunderlichen Wesen nach. Es hatte langes Haar auf einem runden Kopf und ein rundes Gesicht; als es Vater und Mutter kommen sah, rannte es fort und kletterte auf einen kleinen Eichbaum.

Meine Alten schüttelten es herab, was ihnen jedoch erst gelang, nachdem es ihnen einige rote Gerten in die Seite geworfen hatte. Mutter war damals sehr krank, grub sich aber einige Wurzeln aus, aß sie und war wieder munter.‹ Damals lernte Tschotanka zuerst, wie nützlich Wurzeln bei Wundbehandlung und Krankheitserscheinungen sein konnten«, fügte Weyuha hinzu.

»Eines Tages, als ich mit meiner Mutter jagte – mein Vater war fortgegangen und nie wieder heimgekehrt –, fanden wir in einer Schlucht eine Büffelkuh mit ihrem Kalb. Mutter befahl mir, ihr auf dem Fuße zu folgen, und wir krochen auf den Knien heran. Plötzlich duckte sich Mutter gänzlich unter das Gras, und ich machte es ihr nach. Wieder sahen wir einige solcher wunderlichen Wesen, die wir Zweibeine nannten und die diesmal auf dickschwänzigen Hirschen (also Pferden) daherritten. Sie schrien aus Leibeskräften, als sie auf uns zukamen. Sie kamen aber in großen Haufen, trieben uns mit ihren Hunden in ein Dickicht und sandten die roten Gerten so massenhaft hinter uns her, daß deren zwei in Mutters Seite steckenblieben. Als wir endlich von ihnen fortkamen, machte sie den Versuch, sie herauszuziehen, doch war sie schwer von ihnen verwundet. Freilich gelang es ihr endlich, die Gerten aus dem Körper herauszuziehen, sie legte sich aber bald danach hin und starb.

Ich blieb zwei Tage allein in den Wäldern, ging dann um den Mini-wakan Tschante herum nach Süden und baute mir dort meine einsame Höhle. Ich fand dort massenhaft Haselnüsse, Bucheckern und wilde Pflaumen. Auf den Ebenen wuchs Tipsinna, eine Art wilder Zwiebel, im Überfluß, und von meinen Feinden sah und hörte ich nichts.

Eines Tages fand ich eine Fußspur, welche der meinen ähnlich war. Ich folgte ihr, um zu sehen, wer der Fremdling sei. Auf den felsigen Ufern in dem Eichenhain entdeckte ich ein wunderschönes Weib, das Bucheckern sammelte. Sie war von einem anderen Stamme als ich, denn sie trug ein tiefschwarzes Kleid.

Zuerst wollte sie meine Annäherung übelnehmen, als ich

ihr aber von meinem einsamen Leben erzählte, war sie bereit, es fortan mit mir zu teilen. Wir gingen zu meiner südlich am Hügel gelegenen Höhle und lebten dort ein Jahr lang sehr glücklich zusammen. Als der Herbst wiederkam, sagte Uoschipi – so hieß meine Gefährtin –, sie müsse sich ein warmes Nest für den Winter zurichten, und so blieb ich wiederum allein.

Jetzt«, sagte Weyuha, »bin ich an einen Punkt meiner Erzählung gelangt, den nur wenige Menschen verstehen. Den ganzen langen Winter schlief Tschotanka in seiner Höhle. Ein mächtiges Gewitter brachte den Frühling, und er erwachte von einem entsetzlichen Krach, der die Hügel erschütterte. Siehe da! Ein schöner Jüngling stand plötzlich vor seiner Tür. Er sah auf, erschrak aber nicht, da er sah, daß der Fremde keine roten Gerten trug, sondern unbewaffnet war und freundlich lächelte.

›Ich komme, um dich zu einem Wettlauf aufzufordern‹, sagte er. ›Wer gewinnt, ist der Held des Stammes; der Besiegte muß später dem Sieger gehorchen. Mein Anerbieten ist eine große Ehre für dich, denn die ganze Welt wird bei unserem Wettlauf zuschauen. Dir wird die Tierwelt zujauchzen und mich werden die Geister ermuntern. Du bist kein Feigling, wirst also meine Herausforderung nicht zurückweisen.‹

›Nein‹, erwiderte Tschotanka nach kurzem Zögern. Der junge Mann war schön, aber nur leicht gebaut und zart.

›Der Tschante soll unser Ziel sein; dort wollen wir auch unseren Wettlauf beginnen. Und nun komm, denn das Weltall wartet‹, rief ungeduldig der Fremdling.

Er schritt voran, aber im selben Augenblick erschien, schwer auf seinen Stock gestützt, ein uralter Mann vor Tschontakas Höhle.

›Mein Sohn, ich will aus dir keinen Feigling machen, aber

ich muß dir mitteilen, daß dieser junge Mann der größte Gauner des Weltreichs ist‹, sprach der Greis. ›Er hat wirksame Medizin und spielt ums Leben. Sei vorsichtig! Ich und meine Brüder sind die einzigen, die ihn je besiegt haben. Er aber ist sicher, denn wird er getötet, so hat er die Kraft, sich wieder lebendig zu machen – er ist ein großer Zauberer.

Aber wie dem auch sei, ich glaube, ich kann dir helfen. Höre! Er wird immer hinter dir laufen – bis kurz vor dem Ziel. Dann schießt er an dir wie ein Blitz vorbei – er heißt ja Zickzack-Feuer (das heißt Blitz)! Hier hast du mein Zaubermittel!‹ Mit diesen Worten händigte er Tschotanka ein Kaninchenfell und etwas eigenartigen Pflanzensaft ein. ›Bist du nahe am Ziel, so reib dich mit dem Saft ein und wirf das Fell zwischen euch, dann kann er dich nicht überholen.‹

›Und wer bist denn du, Großvater?‹ fragte Tschotanka.

›Ich bin die Medizinschildkröte‹, erwiderte der Alte. ›Der Spieler ist ein Geist, und wen er im Wettlauf besiegt, der muß bald sterben. Du hast sicherlich schon mal gehört, daß alle Tiere vorher wissen, wann sie sterben müssen; jeder Mensch, der dieser Geheimnisse kundig ist, weiß ebenfalls vorher, wann der Tod an ihn herantritt.‹

Der Wettlauf wurde der Welt angekündigt. Die Büffel, Wapiti, Wölfe und alle Tiere kamen, um zuzuschauen. Alle Geister der Lüfte erschienen, um ihren Gefährten aufzumuntern. Weithin klang die große Zaubertrommel; das war das Zeichen zum Beginn des Wettlaufs. Er ging um den Mini-wakan (das bedeutet rund um die Erde). Wo sich die Läufer sehen ließen, frohlockte und jubelte die Menge.

Der junge Mann hielt sich die ganze Zeit, bis sie zum zweiten Male den Tschante sichteten, hinter Tschotanka. Plötzlich fühlte dieser eine leichte Bewegung und warf schnell sein Kaninchenfell hinter sich. Der Fremde stolperte und fiel. Tschotanke rieb sich mit dem Saft ein und rannte schnurstracks auf sein Ziel los. Ein mächtiges Jauchzen tönte über die ganze Erde, aber in den Lüften war eitel Seufzen, Stöhnen und Wehklagen. Der Schiedsrichter erklärte, daß der Sieger lange leben würde, und Zickzack-Feuer versprach, auf seinen Ruf sofort zu seinem Dienste bereit zu sein. Er war gewiß ein großer Medizinmann«, schloß Weyuha seine Erzählung.

»Du hast mir ja aber gar nicht erzählt, wie dann aus Tschotanka ein Mann wurde«, sagte ich.

»Eine schöne Frau erschien ihm eines Nachts im Schlaf, lockte ihn in ihr weißes Zelt und wollte ihm dort etwas zeigen. Dann schloß sie die Tür ihres Zeltes, und Tschotanka konnte nicht wieder heraus. Aber die Frau war gut und liebkoste ihn so, daß er sehr gern bei ihr im Zelt blieb; und bei der Gelegenheit wurde ein menschliches Wesen aus ihm. Das ist eine lange Geschichte! Ich hoffe, Ohijesa, du behältst sie gut«, meinte Weyuha.

Ich denke, ich habe sie gut behalten!

Manitoschas Jagd

Mitten im Winter war es, im Monat der Schwierigkeiten, das heißt im Januar. Wir hatten unser geröstetes Wildbret zum Abendbrot verzehrt, und das Feuer brannte lustig, so daß es in unserem Zelte außerordentlich behaglich war. Untschida saß nahe am Eingang, mein Onkel und seine Frau ihr gegenüber; ich nahm mit meinen Lieblingen den übrigen Zeltraum ein.

Mein Hund Uabeda lag halb schlafend am Feuer und blinzelte zu dem zahmen Waschbären hinüber, der listig an den Zeltwänden umherschnüffelte und sicherlich eine Untat in der Dunkelheit plante. Ich hatte bereits eine Sage erzählt, und alle waren der Ansicht, daß ich meine Sache gut gemacht habe. Da ich ausgiebig gelobt wurde, sehnte ich mich nach mehr Anerkennung und bat meinen Onkel, mir eine neue Geschichte zu erzählen. Er besann sich ein wenig und meinte dann:

»Ich will dir eine Geschichte von den Sioux und Cree erzählen. Vor vielen Jahren standen einmal im Monat der wilden Kirschen, das heißt im September, sechs Zelte am südlichen Abhang des Elchberges. Die Männer, denen diese Zelte gehörten, waren von den Sioux auf der Büffeljagd angegriffen und beinahe alle getötet worden. Zwei oder drei, denen es gelang heimzukommen und ihre traurige Geschichte zu erzählen, waren tödlich verwundet und starben bald darauf. Nur ein alter Mann und einige Knaben waren übriggeblieben, um für die unglückliche kleine Schar Weiber und Kinder zu jagen und sie zu ernähren.

Sie lebten lange Zeit von wilden Zwiebeln und Beeren und starben beinahe vor Hunger nach Fleisch, da der Alte zu schwach war, um mit Erfolg auf die Jagd zu gehen. Eines Tages erklärte daher eines der jungen Creemädchen, sie wolle nicht länger so still sitzen und das Leiden ihres Volkes untätig anschauen. Sie nahm ihres Vaters Bogen und den Köcher voll Pfeile und bat ihre alte Großmutter, sie an den Uanagiskasee zu begleiten, denn sie wußte, daß man dort öfters Elche gefunden hatte. Ich vergaß, dir zu sagen, daß sie Manitoscha hieß.

Manitoscha also und ihre alte Großmutter Nauakiwi nahmen jede ein Pony und wanderten weit hinauf in die Wälder. Als sie an den See kamen, errichteten sie ihren Wigwam am Ufer und fesselten ihre Ponys; dann sagte die alte Frau zu ihrer Enkelin: ›Geh zum Ausfluß des Uanagiska, mein Kind, und sieh, ob du Elchspuren findest. Als junge Frau war ich mit deinem Großvater hier, und in dieser Gegend stellten wir unsere Zelte auf. In der Nacht kamen drei Elche zu uns heran. Bring mir nun zuerst Birkenblätter und Zedernzweige, damit ich einen Jagdzauber bereiten kann.‹

Manitoscha verschwand gehorsam in dem Gehölz, das aus Birken und Weiden bestand, zwei schöne Quellen hatte und zum See hinab in einem Sumpf auslief. Die Großmutter hatte dem Mädchen befohlen, auf abgenagte Birken- und Weidenzweige zu achten, lieben doch die Elche dergleichen Nahrung; ›aber Bogen und Pfeil stets schußbereit‹, ermahnte sie noch die Enkelin. Ich bin selber oft an dem Orte gewesen«, fügte mein Onkel hinzu.

»Das Creemädchen wanderte zuerst zur Quelle, wo sie frische Spuren des von ihr gesuchten Wildes entdeckte. Dann sammelte sie ein paar Zedernfrüchte, zerkaute sie und zerrieb sie an ihren Kleidern, damit die Elche ihre Witterung nicht wahrnehmen möchten. Die Sonne war bereits untergegangen, und sie mußte zu Nauakiwi zurückkehren.

Gerade in dem Augenblick stieß Hinakaga, die Schreieule, ihren klagenden Nachtruf aus, der das Mädchen anhalten und aufmerksam lauschen ließ.

›Dachte ich doch, es sei eines Liebhabers Ruf‹, flüsterte sie. Dann schallte ein eigenartiger Ton über den See; es war der Warnungsruf des Mdosa, des Eistauchers, und schon glaubte sie, daß der Vogel auf sie aufmerksam geworden sei.

Sehr bald hatte sie die von der Großmutter auf das einfachste hergerichtete Hütte von Föhrenzweigen und Farnkräutern erreicht. Die alte Frau war ihr ein Stückchen entgegen gekommen.

›Ach, mein Kind, du kommst spät heim; ich fürchtete, du hättest dich zu weit fortgewagt, denn die Sioux jagen oft in diesen Gegenden. Du darfst dich am Ufer nicht so sorglos der Gefahr aussetzen.‹

Indessen taten sich die beiden Ponys im hohen Grase gütlich, und die beiden Frauen vernahmen noch ihr Kauen und Schnaufen, als sie sich bereits zum Schlafe ausgestreckt hatten. Durch das Rauchloch des Wigwams schaute Manitoscha hinauf zum sternklaren Himmel und dachte daran, was sie am folgenden Morgen tun werde, wenn es ihr gelänge, das scheue Wild zu überraschen. Ihre Großmutter schnarchte bereits so laut, daß davon allein alles Wild verscheucht werden mußte; endlich aber überkam auch das Mädchen die Müdigkeit, und sie schlief fest ein.

Die alte Nauakiwi erwachte frühzeitig am andern Morgen und machte ein Feuer von Birken und Zedern an, damit die Elche den menschlichen Geruch nicht wahrnehmen möchten. Dann bereitete sie schnell ein Mahl von wilden Rüben und Beeren und weckte das Mädchen, das sehr erstaunt um sich schaute, weil die Sonne bereits aufgegangen war. Sie lief zur Quelle hinab, wusch ihr Gesicht mit dem klaren, kalten Wasser und schaute dann noch einen Augenblick auf seine spiegelgleiche Oberfläche. Da sah sie den Widerschein von zwei in einer Lichtung am Ufer stehenden Elchen und – schien es ihr nur so, oder stand wirklich ein junger Mann daneben? Einen Augenblick nur, dann waren alle drei verschwunden.

›Was ist's mit meinen Augen? Bin ich noch nicht völlig wach? Sind das Einbildungen? Bah, es sind die Augen!‹ beruhigte sich das Mädchen und eilte zu Nauakiwi zurück. Die Erscheinung war so unerwartet, so überraschend, sie konnte noch nicht an die Wahrheit glauben und erzählte vorläufig der alten Frau nichts davon.

Nachdem das Frühstück verzehrt war, warf Manitoscha ihre Decke ab und erschien nun in ihrem knapp anliegenden, mit langen Fransen verzierten Hirschledergewand; Ledergamaschen und Mokassins waren kunstvoll mit Stachelschweinborsten bestickt.[34] Sie hatte ihres Vaters Bogen und Köcher über die Schulter geworfen, und vom Gürtel hing ihr das Messer in einer hübschen Scheide herab. So rannte sie atemlos das Ufer entlang zum Ausfluß des Sees.

Weit draußen auf dem See, nahe der Insel, tummelte sich Mdosa, der Eistaucher, mit seinem Weibchen und schrie ab und zu laut auf vor Vergnügen. Hier und dort sprang der spielende Hogan, die Forelle, anmutig auf und tauchte unter einem Regen von Wassertropfen wieder unter. Mit ihrem hastigen Lauf störte das Mädchen Uada-uasih, den Eisvogel, auf, so daß er laut schrie:

›Still, Uada-uasih, pst! du störst mir die Jagd!‹

Endlich hatte sie den Ausfluß des Sees erreicht und sah auf den ersten Blick, daß die Elche dort die Nacht zugebracht hatten. Sie hatten das Erdreich aufgewühlt und Birken- und Weidenzweige arg zugerichtet und abgebrochen.«

»Ach! Wäre ich doch damals bei Manitoscha gewesen!« unterbrach ich die Erzählung.

»Still, mein Junge, du darfst niemals einen Geschichtenerzähler unterbrechen«, verwies mich mein Onkel. Ich nahm einen Stock, fing an, die Asche vor mir zu ebnen und ein Bild vom See, seinem Ausfluß, den Elchen und Manitoscha zu zeichnen. Weit weg an der anderen Seite malte ich den einsamen Wigwam, die Ponys und Nauakiwi.

»Manitoschas Herz schlug laut«, fuhr mein Onkel fort. »Sie kaute zur Beruhigung einige Teebeerenblätter und schüttete im Vorübergehen eine Prise pulverisierten Tabak und Farbe für Manitu, den Quellgeist, in das Wasser.

Unter den zitternden Birkenblättern entdeckte ihr spähendes Auge erst eine, dann eine zweite lebende Gestalt. Sie stand bewegungslos, faßte ihren schweren Bogen fest und ließ das keine Gefahr ahnende Tier ruhig zur Quelle schreiten. Es war ein starker weiblicher Elch, das zweite ein Jährling.

Als sie bei Manitoscha so natürlich und harmlos vorübergingen, vergaß sie beinahe, ihren Pfeil fliegen zu lassen. Das Muttertier äugte zu ihr hinüber, bemerkte sie jedoch nicht. Kaum waren sie an ihrem Versteck vorbei, als das Mädchen, vorwärts springend, ihren schnellen Pfeil dem großen Elch in die Seite sandte, so daß beide erschreckt in das Dickicht entflohen. Doch es war zu spät; die Jägerin hatte bereits den zweiten Pfeil abgeschnellt, und beide Tiere fielen, ehe sie das Ufer erreicht hatten, tot um.«

»Onkel, sie mußte wunderbar sicher zielen können; wie leicht können kleine Zweige in den Wäldern den Pfeil ablenken!« unterbrach ich ihn in großer Aufregung.

»Ja, du mußt aber bedenken, daß sie die Elche sehr nahe hatte.«

»Ich glaube, Onkel, gewittert haben sie sie doch; du hast mir doch erzählt, daß die Elche von allen Tieren die feinste Spürnase besitzen!« beharrte ich.

»Jedenfalls war der Wind dem Mädchen günstig. Neffe,

du mußt mich nicht immer beim Erzählen unterbrechen!« sagte mein Onkel vorwurfsvoll.

»Überwältigt von ihrem Erfolg, eilte das Mädchen zu Nauakiwi zurück; doch – fort war die Alte mitsamt den Ponys, und der Wigwam war zerstört. Während Manitoscha noch erschrocken dastand und überlegte, was zu tun sei, klang aus dem hinter ihr liegenden Dickicht eine leise Stimme: ›Manitoscha! Manitoscha! Ich bin hier!‹

Sie erkannte sofort die Stimme ihrer Großmutter, die ihr eine merkwürdige Geschichte erzählte. Am frühen Morgen hatte ein Kanu mit zwei Siouxmännern den Uanagiska gekreuzt. Die alte Frau hatte sie kommen sehen, und um ihre Aufmerksamkeit nicht auf sich zu ziehen, ihren Wigwam zerstört und die Ponys heimwärts getrieben. Dann hatte sie sich im Dickicht verborgen, da sie wußte, daß Manitoscha zurückkehren würde.

›Komm, mein Kind wir müssen auf einem anderen Weg heimwärts eilen‹, jammerte die Alte.

›Ja, aber wir gehen erst zu meinen beiden Elchen, die ich heute früh erlegte‹, erwiderte die Enkelin.

›O nein, mein Kind, die Sioux sind grausam – wie viele unseres Volkes haben wie schon umgebracht! Bleiben wir hier, so finden sie uns, und ich fürchte – ich fürchte sie, Manitoscha!‹

Endlich gelang es dem tapferen Mädchen, die Großmutter zu überzeugen, und es war schließlich leicht, da die alte Frau nach Fleisch hungerte. Beide begaben sich in das Dikkicht zu dem Wild und fingen an, es zu zerlegen.«

»Wäre ich an ihrer Stelle gewesen, ich hätte mich tagsüber verborgen, gewartet, bis die Sioux verschwunden wären, und dann erst wäre ich zu meinen Elchen zurückgegangen«, unterbrach ich zum dritten Male.

»Ich will erst die Geschichte zu Ende erzählen, dann

darfst du sagen, was du getan hättest«, sagte mein Onkel streng.

»Die beiden Sioux waren Vater und Sohn. Sie waren ebenfalls zur Elchjagd an den See gekommen. Da sich das Wild gewöhnlich tiefer ins Land zurückzog, hatte Tschetan-sapa, Schwarzer Falke, seinen Sohn Kangi-ska, Weiße Krähe, am Ufer ausgesetzt, während er selbst von seinem Kanu aus die Jagd beobachten und die Flucht des Wildes hindern wollte. Der junge Mann lief das Ufer entlang und fand bald Wildspur, folgte ihr und entdeckte Blut, das ihn in Staunen versetzte. Vorsichtig ging er weiter, fand das tote Wild, prüfte es und fand in jedem Tier einen einzigen Creepfeil stecken. Kangi-ska wollte womöglich den Jäger überraschen und verbarg sich im Dickicht.

Nach einer kleinen Weile kehrten die Frauen zum toten Wild zurück und gingen an Kangi-ska so dicht vorbei, wie in der Frühe die Elche an Manitoscha. Er bemerkte sofort, daß das Mädchen dieselben Pfeile in ihrem Köcher hatte, die er im Wild gefunden, verhielt sich jedoch einstweilen ganz ruhig.

Kangi-ska schaute das wunderschöne Creemädchen an und verliebte sich so in sie, daß er sich selbst darüber vergaß und sich leise bewegte. Manitoschas schneller Blick hatte sofort die kleine Bewegung im Dickicht wahrgenommen; da sie jedoch nach der anderen Seite schaute, glaubte Kangi-ska, sie hätte nichts bemerkt. Endlich aber begegneten sich ihrer beider Augen doch und sagten sich, daß keine Gefahr vorhanden sei. Das Mädchen lächelte, der junge Mann konnte nicht länger an sich halten und sprang plötzlich auf, so daß die alte Frau vor Schrecken beinahe ohnmächtig wurde. Manitoscha beruhigte sie jedoch und sagte: ›Fürchte dich nicht, Großmutter; wir sind zwei, und er ist nur einer.‹

Während die beiden Frauen das Fleisch zerlegten, rieb

Kangi-ska Zedernspäne gegeneinander, machte damit Feuer an und alle drei aßen mit großem Genuß von dem frisch erlegten Elchbraten. Dann ging die alte Frau wieder an die Arbeit; die beiden jungen Leute setzten sich im Schatten auf einen Baumstamm und genossen in vollen Zügen ihr neues Glück.

Kangi-ska erklärte Manitoscha durch Zeichen, daß er mit ihr gehen werde, denn er habe sie lieb. So gingen sie miteinander heim, und der junge Mann versorgte sein Leben lang das unglückliche Creedorf mit Jagdbeute.

Der Vater wartete lange auf der Insel auf seines Sohnes Rückkehr; er suchte später das Ufer ab, hat jedoch niemals wieder eine Spur von ihm entdecken können. Einmal fand er Fußstapfen und glaubte, daß sie von Creeleuten, die seinen Sohn ermordet hätten, herrührten.«

»Ist die Geschichte wahr, Onkel?« fragte ich.

»Ja, die Tatsachen sind wohlbekannt. Es gibt noch heute einige Siouxmischlinge unter den Cree, die von Kangi-ska abstammen.«

INDIANERLEBEN UND ABENTEUER

Leben im Walde

Der September weckt in jedem Indianer die Erinnerung an die Herbstjagden. Ich entsinne mich eines solchen Jagdzuges, der beispielhaft für derartige Ereignisse war, sehr gut. Unser Stamm befand sich an der Nordwestseite des Schildkrötenberges, denn wir hatten den ganzen Sommer in der Gegend des Mausflusses, zwischen ersterem und dem oberen Missouri, auf Büffel gejagt.

Der prächtige Hochwald, der sich an den Bergabhängen herabzog, an dessen Rande sich unser Zeltlager erhob, sowie die weiten, wellenförmigen, von zahllosen Büffelherden belebten Prärien gewährten einen überaus malerischen Anblick.

An den Ufern des Stromes, der von den Bergen herabkam, hausten Rudel von Wapitihirschen, die sich für gewöhnlich morgens und abends zeigten, während sie die wärmere Tageszeit im Walde verbrachten. Außerdem war viel anderes Wild vorhanden, und in den Bächen, die teilweise durch die fleißigen Biber abgedämmt waren, tummelten sich zahllose Forellen.

Im Innern der Wälder gab es viele inselreiche Seen; Elche, Wild und Bären bevölkerten massenhaft die größeren und kleineren Inseln. Wasserhühner sammelten sich dort in Mengen, besonders Schwäne, Kraniche, Eistaucher u.a. Im Walde gab es eine reiche Vogelwelt. Bald trommelte das Männchen des Präriehuhns, bald hörte man den eintönigen Ruf des Whippoorwills, eine Art Ziegenmelker, und in der Nacht ertönte aus den Wäldern der dumpfe Ruf des Uhus.

Für mich, den Knaben, war dies Wildnis ein Paradies, ein Land des Reichtums und Überflusses. Sicherlich besaßen wir keinen Luxus der Kulturwelt, aber die guten Gaben der Natur waren uns in reichstem Maße beschieden. Freilich besaßen wir auch die Fähigkeit, unser Glück, trotz der Gefahren, die um uns herum lauerten, in vollen Zügen zu genießen, und wir lebten in einer glücklichen Unwissenheit anderer Lebensverhältnisse dahin.

Nahm die Jagd in den Wäldern ihren Anfang, so wurden auch sofort ihre Gesetze und Ordnungen geregelt. Ein Ratszelt gab es nicht mehr, hingegen wurde jeden Morgen mit Tagesgrauen ein Feuer angezündet, bei dem jeder Jäger erscheinen und Bericht erstatten mußte. Wer diesem Brauch, bevor man zur Jagd auszog, nicht Folge leistete, wurde verspottet. In der Regel brachen die Jäger vor Sonnenaufgang auf; der erste, der mit einem Wild auf dem Rükken wieder ins Lager einrückte, war der Gegenstand großer Bewunderung und des Neides.

Der Sagenerzähler, der alte Rauchige Tag, wurde zum Herold des Lagers erwählt und mußte die Ankündigungen besorgen. Man hörte stets nach dem Abendbrot seine kräftige Stimme durch das Lager und von dem nahen Walde widerhallen. Er bestimmte dann einen Mann, der am andern Morgen das Ratsfeuer anzuzünden hatte. Sein mit langen Fransen verziertes Lederhemd stand seiner stattlichen Gestalt vortrefflich.

Waren die Männer frühmorgens in den Wäldern verschwunden, so zerstreuten sich die Knaben ebenfalls in die Umgegend, scheinbar in Sport oder Spiel vertieft, in Wahrheit aber wetteiferten sie in der Beobachtung der Natur und ihrer Umgebung.

Je weiter der Tag vorrückte, desto gespannter erwarteten sie die Rückkehr der Jäger. Plötzlich ertönte dann ein schrilles Ukuhu! Ukuhu! Ein Ruf, mit dem die Knaben das Einbringen eines Hirsches verkündeten. Augenblicklich nahmen alle Knaben den Ruf auf, und jeder versuchte, dem andern zuvorzukommen. Da sahen wir dann den tapferen Uakuta mit einem mächtigen Hirschbock auf den Schultern; die Last beugte ihn nieder, und sein Lederwams war mit Blut bespritzt. Er warf das Tier an der Tür seiner Schwiegermutter, altem Brauch gemäß, ab und ging dann stolz zu seiner eigenen Behausung.

Wurde ein Bär eingebracht, so erklangen wohl hundert und mehr dieser schrillen Stimmen in den Wäldern mit dem »Wah! Wah! Wah! – Wah! Wah! Wah!« Ein Bär!

Den ganzen Tag über wurden beim Einbringen eines Wildes diese Willkommrufe wiederholt. Endlich, gegen Nachmittag waren dann alle Jäger heimgekehrt, und es herrschte eine solche Glückseligkeit und Zufriedenheit im Lager, wie ich es bei den Weißen, selbst auch in den besten Verhältnissen, nie beobachtet habe. Die Männer lagen rauchend und

Eine Büffeljagd

faulenzend herum, die Frauen waren emsig dabei, das Abendessen zu bereiten und das Wild zuzurichten. Die besten Teile der Jagdbeute wurden gekocht und mit viel Feierlichkeit dem Großen Geheimnis dargebracht. Wir nannten das ein Opfermahl. Selbst die Frauen flüsterten beim Ausschütten des Kochtopfes oder beim Zerlegen des duftenden Wildbrets: »Großes Geheimnis, nimm teil an diesem Mahl und sei uns gnädig!« Das war das gewöhnliche Tischgebet.

Lebten wir so in den Wäldern, so ging es uns allen wohl; es fehlte uns bei dieser unserer alten Lebensweise an nichts. Das Jagen auf Wild, Elche und Wapiti mußte sogar eine Zeitlang eingestellt werden, da wir einen solchen Überfluß an Fleisch hatten, daß für mehr keine Verwendung war. Nur die Pelzjagd auf Bären, Marder, Biber und Otter wurde fortgesetzt. In diesen gesegneten Zeiten des Reichtums und Überflusses wandten unsere Krieger ihre Gedanken anderen Beschäftigungen zu, besonders strebte die heißblütige Jugend danach, sich auszuzeichnen.

In solchen Augenblicken finden sich dann immer einige Schamanen, die bereit sind, in die Zukunft zu schauen, und von denen ein jeder seinen eigenen Vertreter bei dem Großen Geheimnis hat. Die ungeduldige Jugend teilt ihre Sehnsucht nach einem Kriegszug den Zauberern mit, und sehr bald erscheint dann die ersehnte Prophezeiung in Gestalt eines Traumes oder einer Vision, welche fast immer das Unternehmen begünstigt.

So empfingen unsere jungen Leute ihr Zeichen von den höheren Mächten, und einige Tage war alles in Unruhe und Aufregung durch die Vorbereitung zu dem Kriegszug. An einem vorher festgesetzten Morgen ertönte der Gesang der Krieger und das Wehklagen der Weiber; man nahm Abschied, und die jungen Helden, geführt von einem erfahrenen Mann, dem alten Hotanka oder Laut krächzendem

Raben, begaben sich nach dem Lande der Gros-Ventres. Unsere älteren Führer hatten sich mißbilligend über das Unternehmen geäußert, gehörte uns doch das Land, in dem wir Unruhe anstiften wollten, nicht, und es war sehr wohl möglich, daß seine rechtmäßigen Eigentümer uns eines Tages zur Rechenschaft ziehen würden; wir waren, um der Wahrheit die Ehre zu geben, nichts als Einbrecher. Die Besonnensten unter uns zogen es vor, zu Hause zu bleiben in der Meinung, daß es am besten sei, Heimat und Familie zu verteidigen, während die Jugend so nach Heldentaten lechzte, daß sie diesem Triebe Folge leisten zu müssen glaubte.

Vom frühen Morgen an, an dem die Krieger unter Führung des alten Kriegspropheten Laut krächzenden Raben uns verließen, zählten die ängstlichen Mütter, Schwestern und Bräute die Tage. Der alte Rauchige Tag erhob sich gelegentlich des Morgens sehr früh von seinem Lager und sang für seinen abwesenden Enkel einen »herzstärkenden« Gesang. Mir ist noch manchmal so, als hörte ich die heisere, gebrochene Stimme des alten Sängers in den Wäldern widerhallen. Für lange Zeit genoß unsere herumstreifende Gesellschaft den tiefsten Frieden und wurde durch nichts gestört. Unsere Jäger brachten uns oft ein Wild, Elch oder Bären, heim, so daß wir mit frischem Fleisch gut versorgt waren, und die herrlichen Seen lieferten uns Fische und wildes Geflügel in reicher Auswahl. Ihre stillen Gewässer spiegelten bei dem fortschreitenden Herbst die mannigfaltigen Farben der bunten Blätterpracht auf das herrlichste wider.

Meiner Erinnerung nach hatten wir damals unser Lager in der Nähe des Gipfels des Schildkrötenberges aufgeschlagen. Wir lagerten zwei Monate lang ziemlich dicht unter dem Gipfel, und oft wurde ein Mann hinaufgesandt, um Ausschau zu halten. Man hatte sich mit der Kriegspartei verständigt, hier zu warten; sie sollte bei ihrer Rückkehr ein

Feuerzeichen geben, das wir vom Gipfel des Berges beantworten wollten.

Eines Tages, als wir am Ufer eines inselreichen Sees lagerten, entdeckten wir Elchspuren. Die Männer setzten zu den Inseln auf Flößen über; sie hatten ihre Steinschloßgewehre in Bereitschaft und hofften auf gute Beute. Wir kleinen Burschen spielten wie gewöhnlich am sandigen Ufer und sahen plötzlich im Wasser etwas auf uns zukommen, das wir für eine mächtige Baumwurzel hielten. Bei näherem Zuschauen entdeckten wir unseren Irrtum; es war der Kopf eines gewaltigen Elches, der sein Leben schwimmend retten wollte, und wohl ihm! Es war ja keiner der Männer daheimgeblieben.

Unserer Gewohnheit entsprechend verschwanden wir kleinen Kerle, jungen Präriekükен gleich, im hohen Gras. Ich war kaum acht Jahre alt, prüfte aber gewissenhaft meine Bogensehne und wählte meinen schärfsten Pfeil aus. Mein Herz schlug heftig, als das häßliche, aber so stattliche Tier sich dem Ufer näherte, und ich war im Augenblick unentschieden, ob ich nicht mein Versteck lieber verlassen und einen Kriegsruf ausstoßen sollte, sobald es das Ufer betrat. Dann aber dachte ich, es sei doch besser, ruhig zu bleiben und meine Waffe zu gebrauchen.

Ich duckte mich sprungbereit nieder. Als sich das langbeinige Tier triefend und schnaufend aus dem Wasser erhob und die Tropfen von seinem langen Haar abschüttelte, sprang ich auf die Füße. Das Wasser spritzte mir ins Gesicht, aber ich sandte meinen schärfsten Pfeil mit aller Kraft ihm gerade rechts in die Rippen und stieß dann meinen Kriegsruf aus. Der Elch kümmerte sich nicht im geringsten um das kleine Geschoß, aber unser Geschrei erschreckte ihn mächtig, so daß er mit seinen langen Beinen bald unseren Blicken entschwunden war.

Allmählich fielen die Blätter von den Bäumen, und der

früh eintretende Frost machte die Nächte sehr kalt. Wir mußten uns daran gewöhnen, daß der kurze Sommer dieser Landstriche Abschied genommen hatte. Dennoch waren wir noch immer froh und guten Mutes, hatten wir doch reichliche Vorräte und brauchten in absehbarer Zeit nicht zu hungern, und während unserer dreimonatigen Wanderung hatte uns kein einziges Unglück betroffen.

Eines Tages kehrte der alte Rauchige Tag aufgeregt von der Jagd heim. Er hatte ein Zeichen – ein Rauchzeichen – gesehen! Es erschien aber nicht in der Himmelsrichtung, die man so angstvoll beobachtete, sondern im Osten. Die Männer hielten großen Rat und schlossen aus der Natur des Feuers und dem andauernden Rauch, daß es sich um ein zufälliges Feuer handle. Man erklärte, es könne nicht von den Sioux herrühren, denn es sei außerhalb ihres Landes, sondern es müsse durch eine Kriegspartei der Ojibway entstanden sein. Letztere benutzten schon damals zum Anzünden ihrer Pfeifen Streichhölzer, die sie dann achtlos beiseite warfen; außerdem stellte man fest, daß seit Ausbruch des Feuers eine kleine Zeit vergangen war.

Der Rat beschloß, daß unsererseits scharf beobachtet werden solle; so wurde jeden Tag ein Späher bestimmt, der in der Richtung des Rauches Ausschau halten mußte. Zwölf Tage lang durfte bei uns kein Schuß fallen, und die Männer übten eifrig unsere Signale ein. Die Frauen und Greise legten sogar im Umkreis der Zelte kleine Gräben an, um bei einem plötzlichen Angriff in gutem Verteidigungszustand zu sein. Dennoch würde kein Ojibwayspäher bei dem Anblick des Lagers Verdacht gehegt haben, daß die Sioux von ihrem Gegner Kenntnis erhalten hatten. Geübte Kundschafter, die so scharf sahen und beobachteten, daß sie mit Eulen und Katzen kühnlich hätten wetteifern können, standen des Nachts außerhalb des Dorfes Wache.

Die zwölf Tage gingen vorüber, ohne daß man irgendeine Spur von dem vermeintlichen Ojibwaykriegshaufen entdeckt hätte, und so wurde der zum Schutz ausgestellte Wachtposten wieder eingezogen. Sehr bald nachher jedoch wurden wir eines Morgens bei Tagesgrauen von unwillkommenem Kriegsruf geweckt. Ich war noch ein Kind, sprang jedoch auf und wollte, wie ich's gelernt hatte, hinausstürzen, aber meine gute Großmutter drückte mich nieder und gab mir ein Zeichen, flach auf der Erde liegenzubleiben. So spitzte ich meine Ohren und lag still.

Im Lager war alles ruhig, aber in einiger Entfernung tobte ein heftiger Kampf; ich konnte genau die Stimme des alten Herolds heraushören, der in höchster Erbitterung schrie und brüllte. »Hu! Hu!« so tönte der Unglücksruf zu uns herüber. Wie hämmerten meine Pulse vor Erregung und Wut!

Näher und näher kam der Kampf; es schien, als würden die Frauen stiller. Endlich rafften sich die Sioux zu einem gewaltigen Angriff auf und schlugen den Feind in die Flucht. Kriegsgeheul erschütterte die Luft! Aber ach! mein treuer Freund und Lehrer, der alte Rauchige Tag, ließ seinen Kampfesruf nicht mehr ertönen, er war ganz still. Ein Ojibwaypfeil hatte ihm das Herz durchbohrt!

Obwohl erfolgreich, hatten wir doch zwei unserer Leute, Rauchigen Tag und Weißen Kranich, verloren, und dieses Unglück, das so unerwartet kam, dämpfte unsere heitere Stimmung. Freilich hallte das Lager von Siegesgeschrei wider, aber hinein in den Jubel tönte das Wehklagen der Anverwandten der Gefallenen, und auch die Mütter der auf dem Kriegszug abwesenden Jünglinge konnten ihre Angst und Sorge nicht länger verbergen.

An einem kalten Morgen – es war etwa Ende Oktober – ertönte der traurige Gesang eines einzigen Kriegers und setzte in einem Augenblick das ganze Lager in unbeschreibliche Aufregung. War doch die Bedeutung diese Liedes nicht mißzuverstehen – unsere gesamte Kriegspartei war getötet; es war Weißköpfiger Adler, dessen klagende Stimme uns das Schicksal seiner Genossen mitteilte.

Das Dorf war in Schmerz versenkt, fühlt sich doch in Freud und Leid der Indianer eins mit seinen Stammesgenossen. Die alten Weiber standen, wo immer sie sich begegneten, still und klagten verzweifelt; sie konnten nicht müde werden, immer wieder den Mut und die guten Eigenschaften der Gefallenen zu preisen. Die Gattinnen verließen ihre Zelte, um ihrem Schmerz und Leid freien Lauf zu lassen, während die jungen Mädchen weit hinaus der Einsamkeit zustrebten, wo niemand Zeuge ihres Kummers war. Sogar die Greise stimmten in den Klagegesang ein. Allem Anschein nach waren die Krieger die Teilnahmslosesten, durften sie doch ihre Tränen erst im Feindesland zeigen, um ihre Rache zu verschärfen. Sie saßen schweigend in ihren Zelten und bemühten sich, ihre Gefühle hinter ruhigen Mienen zu verbergen; doch würde ihnen das wahrscheinlich nicht gelungen sein, wenn ihnen nicht die beruhigende Wirkung des Tabakrauchens dabei zu Hilfe gekommen wäre.

Nachdem der erste traurige Schreck vorbei war, wurden die Trauergewänder angelegt, denn in den Sitten der Wilden übertrifft der äußere Ausdruck der Trauer denjenigen bei den Kulturvölkern. Der trauernde Indianer legt alle seine guten Gewänder ab und ersetzt sie durch unansehnliche Lumpen. Man schneidet die Decken entzwei und schert sich das Haar kurz, selbst Arme oder Beine ritzt eine liebende Mutter zuweilen bis aufs Blut, eine junge Gattin oder Schwester schneidet oft ihr ganzes Haar ab. Väter und Brüder schwärzen ihre Gesichter und legen die schlechtesten Gewänder an. Das war der Anblick, den unser Lager nach den herrlichen Herbsttagen bot, als mit dem kalten Winter das Unglück über uns hereinbrach. »Wir müssen leiden, das Große Geheimnis ist beleidigt«, flüsterte man untereinander.

Ein Winterlager

Als ich etwa zwölf Jahre alt war, überwinterten wir am Mäusefluß, westlich vom Schildkrötenberg. Es war einer der kältesten Winter, dessen ich mich entsinnen kann; auch die ältesten Leute unseres Stammes behaupteten, solche Kälte kaum je erlebt zu haben. Im vergangenen Sommer hatten sich diesseits des Missouri große Büffelherden aufgehalten, und man hatte getrocknetes Büffelfleisch in einzelnen Paketen an verschiedenen Plätzen in der Erde vergraben, um sich im Notfall damit zu ernähren. Am Fluß zeigten sich viele schwarzschwänzige Hirsche[35] und Wapitis; Grislybären hielten sich sogar im offenen Lande auf. Allem Anschein nach würde man keine Not leiden, und man beschloß daher, den Winter in jener Gegend zuzubringen. Aber ach! es kam schlimme Zeit!

Wir hatten starken Schneefall und andauernde Kälte. Der Schnee lag zu tief, um jagen zu können, und die größeren Büffelherden hatten den Missouri überschritten, so daß wir ihnen nicht folgen konnten. Zum Glück hatten sich in unserer Nachbarschaft noch einige kleinere Herden zerstreut, daher konnten wir – freilich nicht ohne erhebliche Schwierigkeiten – zuweilen frisches Fleisch bekommen.

Ponys konnte man zur Jagd nicht brauchen, und die Männer mußten bis nach dem Monat der schlimmen Augen, dem März, nachdem sich auf dem Schnee eine dünne Kruste gebildet hatte, auf Schneeschuhen jagen. Einen eigenartigen Anblick bot damals die Büffeljagd mit Hunden.

Schlitten, deren Kufen man mit ungegerbtem Leder, die Haarseite nach unten, umwickelte, wurden aus Büffelrippen und Walnußschößlingen angefertigt. Nur kleine Männer konnten diese Schlitten benutzen und ohne Schwierigkeiten mit ihnen auf der Eiskruste vorwärtskommen. Wurden Büffel von den Jagdkundschaftern gemeldet, so hielt jeder sein Hundegespann bereit; alle stellten sich unter den Befehl der Lagerpolizei und näherten sich bis zum Augenblick des Angriffs heimlich der Herde.

Die Männer waren mit Pfeilen und Bogen, auch wohl mit Gewehren bewaffnet. Die mächtigen Tiere konnten sich im tiefen Schnee nur langsam fortbewegen und folgten alle einem Leitstier, sich auf diese Weise einen Weg bahnend. Bald hatten die Hunde mit ihren Führern sie von beiden Seiten eingeschlossen, und so konnten die Jäger ihrer viele erlegen.

Ich erinnere mich gut, wie zu später Nachtzeit die Gesellschaft heimkehrte. Die Männer kamen schwer belastet in langer Reihe an; jeder Hund folgte seinem Herrn und trug ebenfalls einen großen Teil der Beute. Männer und Hunde waren völlig vereist.

Wir Knaben hatten mit Ungeduld ihre Ankunft erwartet, und kaum hatten wir ihr Kommen erspäht, so ließen wir einen unheimlichen Büffeljagdruf ertönen. Jeder Knirps im Dorf beteiligt sich an dem Geschrei, und selbst die daheimgebliebenen Hunde stimmten mit ihrem Geheul in den Lärm ein. Die Männer trugen bei solchen Gelegenheiten ihre Büffelhautmokassins und Gewänder mit der Fellseite nach innen. Ganz erschöpft und sehr hungrig kehrten sie stets von diesen Jagdzügen heim. Man hegt öfters die Meinung, der Hund sei im Indianerlager ein unnützes Glied der Gesellschaft; das ist jedoch im wilden Leben ganz und gar nicht der Fall. Er war zweifellos eines unserer nützlichsten Haustiere.

Während dieses Winterlagers ereignete sich ein lustiger Zufall, von dem man noch heute an den Lagerfeuern der

Sioux erzählt. Eines Tages jagten die Männer auf Schneeschuhen und versuchten, ehe sie einen Angriff machten, sehr nahe an die Büffel heranzukommen. Freilich war es unmöglich, schnell zu rennen, aber die mächtigen Tiere konnten auch kaum von der Stelle kommen; so wurden viele getötet. Gerade als die Herde eine offene Ebene erreicht hatte, stand ein Büffel plötzlich still und fiel dann nieder. Drei ihn verfolgende Männer erreichten ihn; er war schwer verwundet, aber noch nicht tot.

»Ich werde von hinten an ihm hinaufklettern und ihn töten«, sagte Uamdi, der Adler, »wir können hier nicht warten, bis er von selbst stirbt.« Damit waren die anderen einverstanden. Adler galt nicht gerade für einen Helden, aber er zog sein Messer aus der Scheide, nahm es zwischen die Zähne, näherte sich dem Büffel von hinten und sprang ihm plötzlich auf den Rücken.

Das Tier erschrak sehr und sprang auf. Uamdis Messer fiel auf die Erde, er selbst hielt sich an dem langen, zottigen Fell fest. Da er gerade auf den Höcker gesprungen war, hatte er einen schlechten Sitz; herunterspringen konnte er nicht mehr, er mußte also versuchen, so gut als möglich auszuhalten.

»Schnell! Schnell! Schießt! Schießt!« schrie er, als sich das Tier wie toll in dem tiefen Schnee aufbäumte und ausschlug. Uamdis Gesicht sah zu Tode erschrocken aus, erzählten später seine Kameraden, die trotzdem damals lachen mußten. Er schrie fortwährend, sie möchten schießen, doch sobald sie anlegten, rief er: »Schießt nicht! Schießt nicht! Ihr tötet mich!« Endlich fiel das Tier mit ihm um; auch die beiden Freunde sanken, erschöpft vom Lachen, nieder und sorgten hinterher dafür, daß Uamdi als Feigling verspottet wurde.

Auf derselben Jagd wurde der Häuptling Mato von einem Büffel getötet. Er hatte das Tier leicht verwundet und sandte ihm aus einiger Entfernung noch zwei Pfeile nach. Dadurch wurde der Büffel wild und stürzte sich auf ihn. Mato geriet auf der Flucht mit einem seiner Schneeschuhe in losen Schnee und kam zu Fall; er konnte sich nicht schnell genug wieder aufrichten und wurde von dem Bullen zu Tode gespießt. Die Schlucht, in der sich dies Unglück ereignete, trägt seitdem den Namen Matoschlucht.

In einiger Entfernung von unserem Lager stand ein Dorf aus Blockhütten, von französisch-kanadischen Mischlingen bewohnt. Wir verkehrten jedoch nicht viel mit ihnen. Etwa im Januar wurden wir in einige eigentümliche Gewohnheiten unserer Nachbarn eingeweiht. Mitten in der Nacht erschollen durch ihr ganzes Lager Gewehrschüsse, so daß einige unserer Leute, die einen feindlichen Überfall vermuteten, ihnen schleunigst zu Hilfe eilten. Wir waren höchlichst erstaunt, als wir erfuhren, man feiere den Geburtstag des neuen Jahres!

Unsere Leute waren bei dieser Gelegenheit mit Mini-wakan, das heißt mit geheimnisvollem Wasser, nämlich Schnaps, bewirtet worden; sie kamen närrisch und von Sinnen heim und sangen und schwatzten die ganze Nacht durch. Endlich befahl unser oberster Häuptling seinen jungen Leuten, die Ruhestörer zu fesseln, in ein Zelt einzusperren und sie erst wieder freizulassen, wenn der böse Geist von ihnen gewichen sei.

Am folgenden Tage waren alle unsere Leute eingeladen, dem Tanz der Mischlinge beizuwohnen. Bis dahin hatte ich keine Ahnung gehabt, daß ein neues Jahr mitten im Winter anfangen könne; wir rechneten stets so, daß ein Jahr mit dem Winter endet und ein neues Jahr mit dem neuen Leben im Frühjahr beginnt.

Damals sah ich zum ersten Male einem Tanz der Weißen in Holzhäusern zu und hielt ihn für das Sinnverwirrendste, was ich je erlebt hatte. Ein Mann saß in einem Winkel, sägte auf einem mit Schnüren bespannten Brett, einer Geige, stampfte mit dem Fuß unaufhörlich auf den Boden und stieß gelegentlich einen lauten Ruf aus. Dann schienen sich die Tanzenden noch schneller zu bewegen.

Die Männer tanzten mit Frauen; wir Indianer tun das niemals, und wenn der Mann in der Ecke rief, schwangen sie die Frauen sogar herum. Mir erschien das alles sehr roh, als ich mit anderen Knaben von außen durch die Spalten der Bretter zuschaute. Dann tanzten ein junger Mann und eine Frau, die sich unverwandt anschauten, in der Mitte des Raumes allein. Ich glaubte, sie würden sicher auf den rohen Brettern ihre Mokassins zerreißen, doch nach wenigen Minuten wurden sie von einem anderen Paar abgelöst. Ihnen folgte ein alter Mann mit langem, lockigem Haar, der eine Fuchsfellkappe trug. Er tanzte allein inmitten des Raumes und stampfte den Boden mit seinen beschuhten Füßen so rasch im Takte, wie ich niemals etwas Ähnliches wieder gesehen habe. Er schien ein Anführer seines Stammes zu sein; als er seinen Tanz beendet hatte, lud er unseren Häuptling ein, in die Mitte des Raumes zu kommen. Der Indianer gab einen kräftigen Juchzer zum besten, dann tranken die beiden zusammen, und danach entwickelte sich ein so lebhaftes Schwatzen und Trinken unter den Männern, daß man es für besser hielt, uns Kinder zum Lager zurückzusenden.

In jener Zeit fanden wir in der Nähe unseres Lagers viele ausgewaschene Sandsteinfelsen, in denen wir spielten. Eines Tages, als wir gerade in unser Spiel sehr vertieft waren, entdeckten wir ein mächtiges Bärenskelett; wahrscheinlich war das Tier verwundet worden und hatte sich dort niedergelegt, um zu sterben, denn auf dem Boden der Höhle lagen mehrere Pfeile.

Das aufregendste Erlebnis dieses Jahres war der Angriff

der Gros-Ventres, der gerade erfolgte, als wir zur Frühlingszeit unser Lager zurück vom Fluß auf das flache Land verlegen wollten. Wir hatten damals massenhaft Fleisch, und alle waren glücklich und zufrieden; das Gras sprießte munter auf, und die Ponys fingen an fett zu werden.

Eines Abends fand bei uns ein Kriegstanz statt, denn einige unserer jungen Leute beabsichtigten die Gros-Ventres zu überfallen; es stellte sich jedoch heraus, daß diese gegen uns die gleiche Absicht hegten. Jedermann sah mit großer Spannung diesem Kriegszug entgegen.

»Onkel, gehst du auch mit?« fragte ich eifrig.

»Nein«, erwiderte er mit tiefem Seufzer, »es ist die schlechteste Zeit, Krieg anzufangen. Wir werden ja diesen Sommer noch genug Gelegenheit zum Kämpfen haben, denn wir müssen auf die Jagd in Feindes Land ziehen«, fügte er hinzu.

Die Nacht war klar und schön, und die Kriegstrommel wurde vom Geheul der Präriewölfe am andern Ufer des Mäusestroms lärmend beantwortet. Ich stand unter der Menge und schaute den Tapferen, die ehr- und ruhmbegierig ausziehen wollten, zu. »Ach, wäre ich alt genug! Wie gern machte ich mit!« dachte ich sehnsuchtsvoll. Mein Freund Tatanka, der Büffel, der einige Jahre älter als ich und ein Held in meinen Augen war, konnte mitziehen; ich schaute ihm zu, als er mit den anderen beinahe bis Mitternacht tanzte, dann ging ich endlich heim in unser Zelt, rollte mich in meine Büffeldecke und lag bald in tiefsten Schlummer.

Plötzlich wurde ich durch laute Kriegsrufe aufgestört. »Hu! Hu! hay-ay! u we do!« Holla! Holla! kommt! kommt!

Ich sprang auf, ergriff meinen Pfeil und Bogen und stürzte mit furchtbarem Geschrei aus dem Zelt.

»Halt! halt!« rief Untschida und ergriff mich an meinen langen Haaren.

Währenddem hatten die Gros-Ventres unser Lager eingeschlossen und sandten einen Hagel von Pfeilen und Gewehrkugeln in unser Lager. Die Weiber schaufelten Gräber aus, in denen sie ihre Kinder verbargen.

Mein Onkel war vornan im Kampf, und der Angriff wurde von den Sioux tapfer abgeschlagen. Von den Unsrigen waren bereits mehrere gefallen, aber auch die Feinde hatten eine Menge Tote auf der Walstatt um unsere Zelte herum hinterlassen. Endlich bestiegen die Sioux ihre Ponys, machten einen Gegenangriff, den Ojemakasan, mein Onkel, leitete, zerstreuten die Gros-Ventres und jagten sie in die Flucht.

Mein Freund Tatanka war gefallen; ich nahm mir eine seiner Adlerfedern, die ich auf meinem ersten Kriegszug tragen wollte. Was hätte ich darum gegeben, wenn ich gegen die Gros-Ventres, die mir meinen Freund erschlagen hatten, zu Felde hätte ziehen können! Mir waren die Kriegsgesänge, die Totenklagen und das Geheul der Hunde unerträglich. Glücklicherweise brachen wir bald nach diesem traurigen Ereignis unser Lager ab und wurden von neuen Eindrücken in Anspruch genommen.

Ernten in der Wildnis

Als unser Volk in Minnesota lebte, diente ihm der wilde Reis, der in jenen Gegenden auf das üppigste wucherte, als hauptsächlichstes Nahrungsmittel. – An den Ufern und in den unzähligen Seen des »Landes vom himmelblauen Wasser« fand man diese wilde Kornfrucht. Es können tatsächlich einige der sumpfigen Felder jener Tage in bezug auf Üppigkeit und Fruchtbarkeit auf das günstigste mit den Weizenfeldern der prächtigen Farmen des heutigen Minnesota verglichen werden.

Die Reissammler erschienen in Gruppen von etwa fünfzehn bis zwanzig Familien am See, je nach der Größe der Ernte. Einige Indianer zogen es vor, zu dieser Jahreszeit Büffel auf der Prärie zu jagen, doch die meisten gingen an die Seen, um wilden Reis, Beeren, Fische und Wild einzuernten und zu jagen. In den Reisfeldern lebte außerdem massenhaft Wassergeflügel, und wir fühlten uns in dieser Jahreszeit am glücklichsten.

Das Lager wurde so vorteilhaft als möglich im Schatten der Wälder und doch im Bereiche des kühlen Seewindes aufgeschlagen. Man stellte, der guten Umschau halber, die Zelte womöglich auf den Höhen auf; die Menschen aber lebten meistenteils in ihren Kanus auf den ruhigen Gewässern. Die Glücklichsten von allen waren vielleicht die jungen Mädchen, die den ganzen Tag zu zweien und dreien in ihren Kanus zubrachten und, sobald sie müde vom Ernten waren, ihre Stickereien vornahmen.

Die Mädchen lernten den Ruf der verschiedenen Wasservögel nachahmen, der dann als Erkennungsruf zwischen den Familiengliedern benutzt wurde. Selbst alte Frauen und

Knaben wählten sich solche Signale; so konnte man sich, während die ganze Bevölkerung in einem dichten Reisfeld völlig verborgen war, bequem verständigen, ohne irgend jemand bei seinem Namen zu rufen. Den jungen Männern, die Annäherung an bestimmte Mädchen suchten, bot diese Lebensweise gute Gelegenheiten dazu; wie viele Kanupfade gab es nicht in den Reisfeldern!

August war Erntemonat, und man bereitete sich mit tagelangen, dem Wassergott zu Ehren veranstalteten Festlichkeiten vor, opferte ihm Fische, Enten und Wild, damit sich während der Ernte kein Unfall ereigne und niemand durch Ertrinken ums Leben komme. Männer und Frauen arbeiteten außerdem fleißig an Birkenkanus, da beinahe jedes Familienglied eines solchen bedurfte. Blau- und Heidelbeersammeln ging der Reisernte noch voran.

Gesellschaftliche Ereignisse belebten das Lager der Erntenden. Es fanden Jungfrauenfeste und eine oder zwei Kanuzeremonien statt, an denen sich nicht nur Männer, sondern ebensowohl Frauen und junge Mädchen beteiligten.

Am festgesetzten Tage brachte man alle Kanus an das Ufer und schob sie unter Gebet und geeigneten Opferspenden ins Wasser. Jede Familie nahm von dem ihr durch das Los zugefallenen Reisfeld Besitz, band das Getreide in Bündel ab und ließ es so einige Tage stehen. Dann zogen sie wieder, je zwei Personen in einem Kanu, auf den See hinaus; eine führte das Ruder, während die vorderste die Spitzen jedes Bündels zu sich heranzog und mit einem Stab die Reiskörner herausschlug, daß sie auf den Schiffsboden fielen. So durchkreuzte man das Feld vor- und rückwärts, bis alles abgeerntet war.

Dies war der leichteste und angenehmste Teil der Ernte. Die eigentliche Arbeit begann erst mit der Zurüstung der

Körner zum Gebrauch. Zuerst mußte der Reis völlig getrocknet werden. Man breitete ihn auf Büffelfellen oder Matten, manchmal auch auf Grasunterlagen aus und ließ ihn in der Sonne trocknen. War die Zeit kurz, so baute man ein Gerüst, belegte es mit dickem Gras, schüttete den Reis darauf und fachte ein Feuer darunter an, auf das man sehr gut achtgeben mußte, damit das Gras nicht anbrannte.

War aller Reis eingesammelt und getrocknet, so begann das Enthülsen. Man grub ein etwa sechzig Zentimeter tiefes und ebenso weites Loch, machte Feuer an, erhitzte den Reis und schüttete ihn, noch warm, in die Grube. Ein junger Mann, der seine Füße gründlich gewaschen und ein Paar neue Mokassins angelegt hatte, stampfte den Reis mit den Füßen, bis er völlig enthülst war. Die Frauen breiteten ihn auf eine Büffelhaut und schüttelten ihn so stark hin und her, daß die Spreu vom Winde fortgeführt wurde. Ein Teil Reis wurde vor dem Enthülsen gebräunt.

Während der Zeit des Enthülsens wurden den jungen Männern, die die Arbeit am besten und schnellsten verrichteten, Preise zuerkannt. Manchmal tanzten an die zwanzig bis fünfzig Jünglinge in diesen Gruben.

Scheue Jungfrauen brachten den jungen Männern ihrer Wahl hübsche Mokassins und baten sie, damit Reis zu enthülsen. Man vereinigte sich täglich zu gegenseitigen Hilfeleistungen, bei denen wir uns außerordentlich gut unterhielten und zu denen die jungen Mädchen eine Menge guter Dinge zum Essen mitbrachten.

War der Reis zum Essen genügend hergerichtet, so mußte man ihn gut aufbewahren. Jede Familie grub an möglichst verborgenen Plätzen Löcher in die Erde und legte sie sorgfältig mit trockenem Gras und Borke aus. Hier verbarg man die überschüssigen Vorräte für Zeiten der Not, und unser Volk war erfindungsreich im Verwischen aller Spuren und

Zugänge zu diese Nahrungsverstecken. Gewöhnlich zündete man an solchen Stellen ein Feuer an, um durch die Asche die Spuren des frisch aufgegrabenen Erdreichs zu verwischen. Soviel Reis man irgend tragen konnte, verpackte man in Behälter aus ungegerbten Tierhäuten und nahm sie mit heim ins Dorf.

Nach alledem kann man eigentlich den wilden Indianern nicht den Vorwurf des Leichtsinns in bezug auf die Vorsorge für ihren Lebensunterhalt machen. Sie ließen nichts umkommen und arbeiteten im Sommer und Herbst unaufhörlich, um Vorrat für die rauhe Jahreszeit einzuheimsen. Alle Sorten Beeren wurden fleißig gesammelt und in der Sonne getrocknet. Selbst die wilden Kirschen wurden mit den Kernen zermahlen, getrocknet und in kleine Kuchen geformt. Man brauchte sie zu Suppen und bereitete aus ihnen mit Fett und geriebenem Dörrfleisch den sogenannten Pemikan[36], einen vielbegehrten Leckerbissen.

Draußen in der Prärie gruben die Frauen im Juli und August mit scharfen Stöcken Tipsinna, eine Art wilder Zwiebel aus und heimsten manchen Sack davon auf Vorrat ein. Diese Zwiebel ist die Wurzel einer meist hoch, auf sandigem Boden wachsenden Pflanze. Sie ist stärkehaltig, sehr nahrhaft und hat einen süßlichen Geschmack. Die voll aus gewachsene Zwiebel ist zwei oder drei Zoll lang und hat eine dunkelbraune Schale, ähnlich der Rinde eines jungen Bäumchens. Nach der Ernte genießt man sie frisch, entweder roh oder gekocht, später wird sie getrocknet.

Es gab noch eine Art eßbarer Wurzelknollen, die unser Volk in kleinen Mengen einsammelte, eine wilde, süße Kartoffelart, die man in Niederungen oder Flußtälern fand.

Die indianischen Hausfrauen sorgten eifrig für Abwechslung in ihren Gerichten und beraubten zu diesem Zweck sogar die Feldmaus und Moschusratte ihrer Vorräte. Die kleine, hamsterartige Maus sammelt als Wintervorrat mehrere vorzügliche Arten von wildem Getreide.

Unter diesen ist es besonders eine wilde Bohne, die im Geschmack jeder gezüchteten Bohne, die ich gekostet habe, völlig gleich kommt. Der Vorratsraum befindet sich gewöhnlich unter einer Art Hügel, den ein ungeübtes Auge niemals von einer gewöhnlichen Bodenerhöhung unterscheiden würde. Er enthält viele Höhlen, in denen die fleißigen Tierchen ihre Sommerernte aufspeichern.

Wie glücklich mögen die armen Tierchen gewesen sein, wenn der schnelle Blick der Eingeborenen ihr Versteck nicht erspähte! Im September durchstreiften die Frauen die Prärie, hielten oft plötzlich an und umkreisten einen kleinen Hügel, der ihren Verdacht erregte. Mit dem Druck der Ferse versuchten sie, ob er nachgab, und wenn dies der Fall war, ließen sie sich befriedigt nieder, um die arme kleine Maus der Früchte ihrer mühevollen Arbeit zu berauben.

Die verschiedenen Bohnenarten waren in verschiedenen Abteilungen der Höhlen versteckt; die Frauen aber suchten nach dem Umenetscha, denn die Feldmaus liebt diese saftige Bohnenart besonders, da sie davon stets mehr als von anderen einsammelt. Es gibt auch noch eine weiße, sternartige Manaktschatscha, die Wurzel der weißen Lilie. Sie schmeckt gut und ist auch als Medizin brauchbar.

Während unsere Leute den wilden Reis ernteten, schauten sie auch noch nach einer anderen Pflanze aus, einer Art weißen Zwiebel von gewöhnlicher Größe, die in dem moorigen Grund von Seen und Teichen wächst. Sie wird von den Moschusratten in ihren Behausungen am Wasser aufgespeichert, und dort findet man oft einen ganzen Scheffel dieser Psintschintscha genannten Knolle.

So schien es, als wäre die ganze Natur den wilden Indianern wohlgesinnt – wenigstens glaubten wir das.

Ich habe schon kurz die Reisernte als günstige Gelegenheit für Liebesleute erwähnt. Die indianische Annäherung und Brautwerbung ist in mancher Hinsicht sehr eigentümlich; beobachtet man aber das tägliche Leben des Volkes, so erkennt man die Weisheit, die ihren Sitten für das Liebeswerben zugrunde liegt. Es gab keine Salonhöflichkeit, denn das Leben spielte sich außerhalb der Behausungen ab, was für die Jugend sehr günstig war.

Im Nomadenleben teilten die Weiber die Haushaltungsarbeiten, die ihnen allen zufielen, unter sich ein. Sehr oft kam das Holz- und Wassertragen den jungen Mädchen zu, und die Quelle oder das Gehölz wurde der Schauplatz für Liebesangelegenheiten; lag in solchen Fällen die nächste Wasserstelle ziemlich weit ab vom Lager – um so besser. Manchmal gab es kein Holz, dann zerstreuten sich die jungen Mädchen über die Prärie und sammelten trockenen Büffeldünger als Feuerung.

Bei solchen Gelegenheiten gingen die jungen Indianer aus, um den Mädchen ihre Huldigungen darzubringen. Sobald ein Jüngling vom Kriegszug zurückgekehrt war, legte er seine mit Stachelschweinborsten bestickten Mokassins, Ledergamaschen und seine beste Büffeldecke an. Dann bürstete er mit einer Art Bürste, die vom Schwanz des Stachelschweins gefertigt war, sein langes, dichtes Haar, machte es duftend mit wohlriechendem Gras oder Blättern und teilte es in zwei Hälften. Vollendet wurde der Kopfputz durch ein Otternfell oder einen anderen derartigen Zierat, dem er, falls er ein Krieger war, noch ein oder zwei Adlerfedern beifügte.

Wollte er reiten, so schwang er sich auf sein bestes Pony, benutzte als Sattel einen Teil seiner Decke und hielt in der Hand das Ende eines Lassos, der um des Pferdes Hals geschlungen war. Er leitete das Tier durch die Neigung seines

Körpers, und es schien, als ob die klugen Ponys sich der Sachlage bewußt seien, halfen sie doch oft die Blicke der Mädchen auf ihren Reiter zu ziehen, indem sie in völliger Hingabe an ihren Herrn die anmutigsten Bewegungen ausführten.

Die Sitte heischte von den jungen Männern, ihre Decke über den Kopf zu ziehen und nur durch einen Schlitz herauszuschauen; manchmal folgten die Mädchen, besonders bei öffentlicher Werbung, gleichfalls dieser Sitte.

Der Jüngling näherte sich dem von der Quelle kommenden Mädchen und stellte sich ihr gerade in den Weg. War sie eilig oder sollte nicht auf ihn hören, so ging sie um ihn herum; wollte sie jedoch anhalten und ihm willfahren, so setzte sie ihren Wasserbehälter auf die Erde.

Sehr oft wußte das Mädchen bei der ersten Begegnung gar nicht, wer ihr Liebhaber war, denn er stellte sich ihr nicht sofort vor, sondern wartete damit bis auf das zweite Zusammentreffen. Manchmal sah sie sein Gesicht gar nicht, und sie versuchte dann vor der folgenden Begegnung in Erfahrung zu bringen, wer er sei und wie er aussähe. War er ihr kein wünschenswerter Liebhaber, so ging sie fortan nur mit ihrer Großmutter oder der Verwandten, unter deren Hut sie besonders stand, aus und beendete damit die Angelegenheit.

Zeitweilig gingen die Mädchen zu zweien; dann mußten ihnen auch zwei Verehrer begegnen.

Des Nachts fanden auch Zusammenkünfte statt, entweder am frühen Abend nach Schluß von Tanzfestlichkeiten oder öffentlichen Vergnügungen – aber auch zu der Zeit, wo man alles schlafen wähnte. Das war das geheime Liebeswerben. Der Jüngling löste genau an der Lagerstatt seiner Liebsten die Zeltbefestigungen und unterhielt sich während der Nacht mit ihr. Nur ein sehr gewandter junger Mann brachte das unentdeckt zuwege, denn die Großmütter, die Hüterinnen, waren gewöhnlich scharf auf dem Posten. Entführungen kamen oft vor. Die Wohlhabenden heirateten öffentlich, und ihnen zu Ehren wurden vielerlei Festlichkeiten veranstaltet. Das Mädchen konnte verlangen, daß ihretwegen, vor ihrer Verheiratung, eine bestimmte Anzahl Jungfrauenfeste stattfinden sollte.

Manchmal war ein Jüngling in ein Mädchen so verliebt, daß er ihr überallhin folgte, selbst dann, wenn die beiderseitigen älteren Angehörigen sich für einige Monate getrennt hatten. Ich kannte solch einen Fall. Pata-Tanka, der Große Hain, hatte lange Zeit um eine entfernte Verwandte meines Onkels geworben, und es schien, als werde ihm von des Mädchens Eltern Widerstand entgegengesetzt; sie selbst hatte ihn gern.

Das große Lager war während der Herbstjagd abgebrochen, und meines Onkels Familie zog in einer ganz anderen Richtung als die Verwandten des jungen Mannes fort. Nach dreitägiger Wanderung trafen wir auf einen guten Jagdfreund und schlugen dort unser Lager auf. Eines Abends entdeckte irgend jemand den jungen Mann, der seiner Liebsten gefolgt war und stets im Freien genächtigt hatte, obwohl die Nächte damals schon recht rauh und kalt waren. Er traf sie täglich, sie brachte ihm Nahrung, aber an ihr Zelt kam er nicht. Endlich gaben die Eltern nach, und sie durfte ihm zu seiner Familie folgen.

In unserem Naturleben wurde viel gesungen: Religiöse, sowie Kriegs-, Jagd- und Liebeslieder. Es gab oft nur wenige oder gar keine Worte, aber der Charakter des Liedes wurde durch die Modulation zum Ausdruck gebracht. In diesem Sinne gibt es meiner Ansicht nach auch eine Tiersprache. Das einfache Musikinstrument der Sioux, die Flöte, diente dazu, die empfänglichen Mädchenherzen in später Abend-

stunde zu erweichen. Vor meiner Seele steht das Bild zweier junger Männer, die mit ihren Decken über den Köpfen sich anschickten, auf der geschnitzten Tschotanka, der Flöte, ihren Liebsten ein Ständchen zu bringen. Ich sehe, wie alle Mädchen scheu ihre Köpfe wenden und hinhorchen; da beginnt einer der Jünglinge eine klagende Nachtmusik wie aus längstvergangenen Tagen:
»Hay-ay-ay! Hay-ay-ay! a-ahay-ay!« . . . Das ist das Vorspiel:

Horche, Mädchen, horche fein,
Höre von dem Liebsten dein!
Mädchen, höre, horche her
Der hier redet, liebt dich sehr.
Höre, bald wird's ihm gelingen,
Deinen Erzfeind zu bezwingen.

Wasula, die Muschel, fühlt, daß sie hinausgehen möchte, doch sie findet keinen passenden Grund, den sie dafür angeben könnte; sie rührt die Asche des verglimmenden Feuers auf und verursacht auf diese Weise unnützen Rauch im Zelt. Jetzt hat sie einen Grund, hinauszukommen, um die Rauchklappen[37] mit ihren langen Stangen umzustellen, wozu sie sehr viel Zeit braucht, denn es scheint, als wehe ein widriger Wind.

Von der Tschotanka hört man längst nichts mehr, aber plötzlich erscheint gespensterhaft ein junger Mann an des Mädchens Seite.

»Bist du es wirklich?« fragt sie.

»Ist deine Großmutter drin?« forscht er.

»Was bist du für ein Held, daß du dich vor einer alten Frau fürchtest! Wir sind frei! Das Land ist weit, wir können fortgehen und wiederkommen, wenn der Sturm ausgetobt hat.«

»Ja«, erwidert er, »ich fürchte deine Großmutter und die

Folgen einer Entführung nicht! Was ich fürchte, ist allein die Trennung von dir!«

Das Mädchen verschwindet einen Augenblick im Zelt, kehrt aber gleich zurück. »Vorwärts!« ruft sie. »In den Wald oder auf die Prärie! Ich bin dein!« So verschwinden sie leise in der Dunkelheit der Nacht.

Eine Begegnung auf der Prärie

Wir lagerten einmal am Souris- oder Mäusestrom, einem Nebenfluß des Assiniboine. Damals gab es noch viele Büffel, so lebten wir im wahrsten Sinne des Wortes »vom Fett des Landes«. Eines Tages kam ein Kundschafter und teilte uns mit, daß sich Truppen aus den Vereinigten Staaten näherten; das war für uns natürlich sehr unangenehm.

Man hielt sofort Rat und fragte den Kundschafter auf das genaueste aus. Ehe man jedoch eine Entscheidung getroffen hatte, erschien ein anderer Kundschafter und erklärte, daß der als Truppenkörper gemeldete Zug in Wirklichkeit aus kanadischen zweirädrigen Karren bestände.

Die beiden Berichte wichen so weit voneinander ab, daß man es für ratsam hielt, weitere Kundschafter zur Beobachtung des Zuges auszusenden. Diese kehrten bald zurück und meldeten, daß Kanadier unterwegs seien; » denn«, sagten sie, »es sind in dem Zug keine hellen, blitzenden Metalle zu bemerken. Die einzelnen Abteilungen sind kurz wie Ponykarren und gleichen nicht den langen, vierrädrigen, von vier oder sechs Maultieren gezogenen Soldatenwagen. Büffel sind es nicht, und zu Pferde sitzende Truppen mit Packeseln können es auch nicht sein, denn dafür sind die einzelnen Abteilungen wieder zu lang; außerdem haben Soldaten einen Häuptling mit Wachen, der die Truppe führt. Hier sind die kleinen Häuptlinge von dem Hauptzug getrennt und reiten auf einer Seite!«

Aus diesen Beobachtungen schloß man, daß wir bald mit den Bois brulés, so nennen die Franzosen ihre Mischlinge wegen ihrer Gesichtsfarbe, zusammentreffen würden. Einige deuten den Namen »Bois brulés« auch als »verbrannte Wälder« in Anbetracht der Tätigkeit der Kanadier als Waldroder. Zwei oder drei Stunden später, etwa gegen Sonnenuntergang, konnten wir die eigentümliche Musik, die stets einen solchen Wagenzug begleitet, vernehmen. Sie klingt wie massenhaftes Tiergegrunze und Gequieke und rührt von der Tatsache her, daß die Räder und alle sonstigen Bestandteile dieser einfachen Fuhrwerke aus Holz angefertigt sind. Unsere Hunde vermehrten durch wildes Heulen und Bellen diese unharmonischen Töne.

Die Ankömmlinge hielten auf einer mit Gras bestandenen Ebene, ein klein wenig von unserem Lager entfernt. Die Ponys mußten ihre schwerfälligen Lastwagen, die Deichseln nach innen, in einen dichten Kreis zusammenfahren, so daß auf diese Weise eine Wagenburg gebildet wurde, die nützlich und notwendig in ihrem abenteuerreichen Leben war. Innerhalb dieses Kreises errichteten sie ihre Zelte und zündeten bald lustige Feuer an. Die Pferdejungen trieben unter lautem Peitschengeknall und ungeduldigem Fluchen die Ponys zur Tränke.

Unser Häuptling und seine Hauptkrieger verhandelten kurz mit den Fremden, und man kam von beiden Seiten überein, keine Feindseligkeiten gegeneinander zu beginnen. Nachdem man Geschenke ausgetauscht hatte, wie das bei friedlichen Übereinkommen üblich ist, fanden in beiden Lagern festliche Gastmähler statt. Die Mischlinge hatten lange keinen Handelsplatz mehr gesehen, und somit war ihr unvermeidliches Branntweinfäßchen beinahe leer. Sie brauten aus dem kleinen noch vorhandenen Rest unter Zuhilfenahme von großen Kesseln Wasser, Cayennepfeffer und etwas Enzian einen Trank.

Unsere Leute wurden mit diesem Gebräu bewirtet, und als sie wahrnahmen, daß zwei oder drei Mischlinge vorgaben betrunken zu sein, folgten unsere Krieger dem Beispiel. Sie verbrachten den Abend bis nach Mitternacht mit Geschrei, Lärmen und Singen. Dann hörten endlich die Ruhestörungen auf und wohltätig senkte sich der Schlaf auf die Bewohner beider Lager herab.

Plötzlich störte der laute Widerhall eines Schusses, dem bald weitere aus dem Lager der Mischlinge folgten, die Schläfer auf. Alle Männer der Sioux sprangen, die Waffe in der Hand, auf und rannten zu ihren Ponys. Es war aber eine eigentümliche Sache mit diesen unzeitigen Schüssen – sie waren alle himmelwärts gerichtet! Einer unserer alten Männer, der besser als alle anderen die Sitten der Mischlinge kannte, rief mit lauter Stimme:

»Laßt das Volk schlafen! Was wir hier hören, geschieht einem neugeborenen Knaben zu Ehren! Es ist Brauch bei den Fremden eines Knaben Geburt mit Schießen zu feiern!«

Die Ruhe war bald im Nachtlager wiederhergestellt, und eine Zeitlang blieb alles still; doch kaum waren wir wieder eingeschlafen, als wir zum zweitenmal durch Gewehrschüsse und Kriegsgeschrei rauh geweckt wurden. Diesmal entdeckten wir, daß beinahe alle Ponys, auch die unserer Nachbarn, heimlich von Pferdedieben eines benachbarten Stammes fortgetrieben waren.

Die Bösewichter waren in ihrem Handwerk erfahren, hatten sie doch ihre Arbeit mit großer Geschicklichkeit, beinahe unter den Augen des Feindes vollführt, und hätte nicht unser Langsamer Hund solch unbezwinglichen Aberglauben besessen, sie hätten vollen Erfolg gehabt. Trotzdem verursachte uns die Angelegenheit nicht wenig Angst und Unruhe, doch eroberten wir nach heftiger, einen ganzen Tag andauernder Verfolgung, gemeinschaftlich mit den Mischlingen, unsere Pferde zurück.

Langsamer Hund war sehr eitel und hielt sich für einen

großen Medizinmann, ohne jedoch einen anderen Erfolg zu haben als den, sich lächerlich zu machen. Derartige Leute besitzen jedoch sowohl unter Wilden als auch bei den Kulturvölkern eine große Zähigkeit und Ausdauer in bezug auf ihre eingebildeten Ansprüche. Der Segen der Unwissenheit erhielt Langsamen Hund stets heiter, und es schien, als genösse er die endlosen Belästigungen und Spöttereien seiner Volksgenossen geradezu als Vergnügen.

Langsamer Hund hatte am Abend vor diesem Ereignis die Warnung eines bösen Traumes, in dem er alle dem Stamm gehörige Ponys hatte westwärts treiben und in wilder Flucht davonjagen sehen, laut verkündet.

»Wer kehrt sich aber an solch alten Mannes Traum?« sagte jeder; »keiner der wirklich großen Schamanen hat je solche Erscheinung gehabt.«

Daher hatten wir, obwohl wir sonst gern dem Aberglauben Raum gaben, für diesmal keine Gefahr gewittert. Als die ersten Kundschafter die Annäherung der Truppen meldeten, wurden einige Leute kleinmütig und meinten:

»Immerhin, es kann doch sein, daß Langsamer Hund recht hat; wir sind eben stets nur allzu bereit, über ihn zu lachen!«

Diese Ansichten verschwanden aber schnell, als die lustigen Kanadier einrückten, und man ließ den alten Mann allein über seine Warnung brüten.

Er blieb bei seinem Traum und hielt während der ganzen festlichen Unruhe und Trinkerei mit dem verdünnten Branntwein Wache. Endlich, als alle in Schlaf versunken waren, sammelte er mehrere zerrissene Halfter aus verschiedenem Material, Leder, Büffel- und Pferdehaar zusammen, knüpfte daraus ein buntes Seil mit unzähligen Knoten, schlang ein Ende um den Hals seines alten Streitrosses und band das andere um sein Handgelenk. Anstatt sich, wie gewöhnlich, innerhalb des Zeltes schlafen zu legen, rollte er sich in sein Büffelfell und ließ sich vor seiner Behausung nieder. Von diesem Platz aus beobachtete er, wie der Mond am westlichen Horizont verschand, und gerade, als im Osten der graue Tag heraufdämmerte, wurden seine Blicke von einem Etwas, das wie ein Hund erschien und sich unter den angepfählten Ponys bewegte, gebannt. Bei schärferem Hinschauen entdeckte er, daß die Bewegungen sehr unnatürlich waren.

»Toka ahe do! toka ahe do! Der Feind, der Feind!« schrie der Alte.

Mit einem Kriegsruf stürzte er sich auf den Eindringling, der aufsprang und sich auf Langsamen Hunds Pferd schwang. Er hatte die Fesseln des Tieres und das lange Halfter durchschnitten.

Der Sioux spannte seinen Bogen zum Schuß, aber es war zu spät, denn der andere duckte sich schnell hinter das Tier, und unter dessen Bauch durch sandte er seinen tödlichen Pfeil in des Alten Brust. Dann schwang er sich wieder aufs Pferd und setzte seinen bereits vorangerittenen Kameraden in vollem Galopp nach.

Als die Siouxkrieger infolge des Alarms an dem Alten vorbeistürmten, um die Feinde, die viele der losen Ponys versprengt hatten, zu verfolgen, rief der Medizinmann:

»Ich, der tapfere Langsame Hund, der euch so oft den Weg in Feindesland gewiesen hat, ich schreite euch jetzt voran ins Land der Geister!«

Mit dieser Rede starb der Alte. Die Sioux wurden bei der Verfolgung von den freundlich gesinnten Mischlingen unterstützt, und am Ende kam die Schwarzfußindianer[38] das Blut des alten Mannes teuer zu stehen.

An jenem herrlichen Morgen erschien die ganze Natur glänzend und freundlich, aber die Sioux trauerten und wehklagten um den Tod eines Mannes, der ihnen sein Leben lang ein Gegenstand des Spottes gewesen war. Sie schätzten den Anteil, den Langsamer Hund an diesem letzten Ereignis gehabt hatte, sehr hoch, und sein Gedächtnis wurde vom ganzen Stamm in Ehren gehalten.

Eine abenteuerliche Reise

Es müssen jetzt etwa dreißig Jahre seit unserer langen Reise und Suche nach neuen Jagdgründen zwischen dem Assiniboine und dem oberen Missouri verflossen sein. Die Büffel, die früher so zahlreich zwischen diesen beiden Flüssen vorkamen, hatten ihre Weideplätze gewechselt, weil ihnen die große Zahl der kanadischen Mischlinge gefährlich wurde. Es kamen außerdem die ersten englischen Sportsleute hinzu, deren Vernichtungswut in den Herden furchtbare Verwüstungen anrichtete. Diese anscheinend klugen Tiere zeigten so den Eingeborenen die Annäherung der Weißen frühzeitig an.

Wie wir gefürchtet hatten, fanden wir bei unserem langsamen Zug über die verlassenen Ebenen nur wenig Wild. Einzelne Antilopenherden, manchmal ein Zug Wassergeflügel, hie und da ein einzelner Büffel, der ziellos umhertrabte, das war so ziemlich alles. Unser Zug war zuerst klein; bei fortschreitender Wanderung trafen wir aber einige westliche Siouxsippen und Assiniboines, zu denen wir in naher Beziehung standen und mit denen wir uns vereinten.

Das Lager wurde täglich abgebrochen, und man marschierte etwa zehn bis zwanzig Meilen. Welch einen Anblick bietet ein solcher Zug! Die einzigen Fahrzeuge sind die primitiven Travois, die von Ponys oder großen Hunden gezogen werden. Es werden einfach ein Paar Stangen, die hintennach schleifen, auf dem Rücken des Tieres befestigt. Ein großes, korbartiges Gestell, das ziemlich am Ende der Stangen, gerade über dem Boden, festgemacht wird, bietet Raum für allerlei Gepäck, ist ein sicheres Nest für kleine

Kinder, und wurde gelegentlich auch von einer hilflosen alten Frau benutzt. Die meisten unserer Habseligkeiten beförderte man auf Packpferden.

In der Geschicklichkeit des Packens können die Indianer kaum von einem anderen Volk übertroffen werden. Der Zug war beinahe zwei Kilometer lang und wurde von einigen alten, unberittenen Kriegern, die behaglich ihre Pfeife rauchten, angeführt; sie bestimmten auch, wann und wo man anhalten solle. Bei großer Hitze hatten die Frauen, die die Haushaltungsgegenstände zu überwachen hatten, außerordentlich viel Mühe und Not; wie widerspenstig wurden in solchen Zeiten die durstigen Hunde! Sie liefen bei jeder Gelegenheit mit ihren Lasten ins Wasser! Scheltende Frauen, singende alte Leute, die Juchzer der Jungen und was es sonst noch an Geräusch und Lärm gab – fürwahr, unser Zug glich mehr einem lebhaften Stadt- und Marktgetümmel, als einem geordneten Zug von gewöhnlichen Wanderern.

Diese Reise ging nicht ohne einige aufregende Zwischenfälle ab. Mein Onkel hatte den Haupttroß verlassen und war mit einer kleinen Gesellschaft gen Süden gezogen, um, wie er jeden Sommer zu tun pflegte, auf irgendeine Art an den Weißen, die seiner Familie so viel Kummer bereitet hatten, Rache zu üben. Diesmal begegnete er zwischen den Militärposten Fort Totten und Berthold im heutigen Staate Norddakota einer Abteilung amerikanischer Soldaten. Auf irgendeine Weise wurden die weißen Reiter von den sieben Indianern bei hellem Tageslicht gerade beim Mittagsmahl überrascht. Die sieben nahmen den Weißen die gesamte Ausrüstung, beinahe alle Maultiere, einen Schimmel und alle Vorräte ab. Zweifellos berichteten die Soldaten in der Festung, daß sie von einer großen Indianerbande angefallen und ausgeraubt worden seien. Wie dem auch sei, die Tatsachen verhalten sich so, wie ich sie schildere. Mein Onkel bekam den Schimmel als Beute, die schönen spanischen Maultiere fielen den anderen zu. Unter den eingebrachten Beutestücken waren mehrere große Brote, die ersten, die ich in meinem Leben sah und die uns als große Merkwürdigkeit erschienen. Wir nannten sie der schwammartigen Masse wegen Agujapi-tatschangu, das heißt Brotlunge.

Kehren erfolgreiche Krieger mit so viel Siegesbeute heim, so finden gewöhnlich Tänze und große Lustbarkeiten statt; bei dieser Gelegenheit geschah nichts, weil der Feind so wenig Widerstand geleistet hatte. Unsere Überlieferungen sagten von den Weißen, daß sie nur aus Zwang kämpften; so hielten wir es für keine Ehre, Siege über sie zu erringen. Ja, hätte ein Kampf stattgefunden, wären einige unserer Krieger gefallen, dann würde auch bei uns größere Begeisterung geherrscht haben.

Bald darauf trafen wir eine größere Antilopenherde[39], und einer unserer Jäger war so gewandt, daß er mit einem einzigen Pfeil drei Antilopen auf einmal durchbohrte. Man kann das bezweifeln, ich kann aber für die Wahrheit einstehen, denn er war nicht allein dabei, und die, die bei ihm waren, sind zuverlässige Zeugen. Die Tiere wurden auf eine moorige Halbinsel getrieben, wo sie in dichten Haufen beinahe hilflos zusammenstanden. Viele wurden mühelos mit Messern und Pfeilen getötet. Grauer Fuß aber, ein großer, starker Mann und hervorragender Jäger, durchbohrte damals tatsächlich drei Antilopen mit einem Pfeilschuß. Diese gewandte Tat verdankte er nicht allein seiner großen Kraft, sondern seine außergewöhnliche Geschicklichkeit fiel dabei mindestens ebensosehr ins Gewicht.

In der Nähe des Flusses ereignete sich eines Tages ein Unglück, durch das wir einen unserer besten Jünglinge verloren. Wie hatte ich diesen jungen Mann verehrt! Nur mein

Onkel, für den meine Bewunderung keine Grenzen kannte, stand mir noch höher. Sein christlicher Name, er hieß Jakob, kam mir sehr merkwürdig vor. Als ich später selbst in den Vereinigten Staaten lebte, erfuhr ich erst, wie er zu diesem wunderlichen, mir so bedeutungslos scheinenden Namen gekommen war. Sein Vater war vor dem Minnesotaaufstand 1862 von einem der ersten Missionare bekehrt worden, und so wurde der Knabe Jakob getauft. Er war ein hervorragender Jäger und in meinen Augen ein wahrer Held, hatte er doch damals, einer von den sieben Indianern, auch die weißen Soldaten mit überrumpelt.

Das Unglück kam so: Jakob hatte den Soldaten zwei gute Maultiere abgenommen, die bald darauf einigen Kanadiern so in die Augen stachen, daß sie dieselben erhandeln wollten. Der junge Mann wollte sie aber nicht hergeben, er wollte sich um keinen Preis von den schönen Tieren trennen. Nun hatte sich aber ein Mischling in den Kopf gesetzt, die Tiere, koste es, was es wolle, sei es auf gute oder schlechte Art, in seinen Besitz zu bringen. Er lud Jakob zum Essen ein, bewirtete ihn mit Branntwein und erklärte, als der Indianer sich weigerte, das Getränk anzurühren, die Weigerung sei eine Beleidigung. Kaum hatte er diese Behauptung ausgesprochen, als er auch schon sein Gewehr ergriff und den Gast ohne weiteres niederknallte.

In wenigen Minuten war das ganze Lager in heftigster Erregung, und alle unsere Leute rüsteten sich, wutentbrannt, das kanadische Lager zu stürmen und den Mörder umzubringen. Die Verwirrung erreichte mit dem Wehgeheul der Weiber und dem Gesang der Totenklage ihren Höhepunkt.

An Zahl den Mischlingen weit überlegen – es kamen von unseren Leuten zehn auf einen Kanadier –, sahen wir, wie sie sich in dem von ihren Karren gebildeten Kreis zu verzweifelter Gegenwehr rüsteten. Unsere Krieger hatten die Hügel, die ihr kleines Lager umgaben, besetzt und waren bereit, sich beim Angriffszeichen unseres Häuptlings auf sie zu stürzen.

Die älteren Männer ratschlagten indes, was für Sühne von den Kanadiern zu fordern sei, und man beschloß, dem Brauch der Prärie gemäß, die Auslieferung des Mörders zu verlangen, um ihm die notwendige Strafe für seine Schandtat zuteil werden zu lassen.

Sollten die Kanadier die Auslieferung verweigern, so sollte rund um ihr Lager ein Feuer angezündet, ihre Rosse zerstreut und ihre Aufmerksamkeit abgelenkt werden; dann sollten die Krieger mit plötzlichem Angriff über sie herfallen.

Gerade in dem Augenblick, als dieser Beschluß gefaßt war, stieg inmitten des feindlichen Lagers ein Stück weißes, frisch gegerbtes Wildleder in die Höhe. Es war die Flagge des Waffenstillstands. Ein unbewaffneter Kanadier näherte sich dem Ratszelt und äußerte durch Zeichen, daß er mit friedlichen Vorschlägen käme. Er wurde vor den noch versammelten Rat geführt und bot die Auslieferung des Mörders an; außerdem sollte all sein Hab und Gut den Verwandten des Erschlagenen als Sühne zufallen.

Die Angehörigen des Ermordeten hatten bei diesen Verhandlungen keine Stimme; sie wurden als nicht unparteiische Richter von den Beratungen ausgeschlossen. Endlich, nach längerer Überlegung, kam man überein, dem Mörder zwar das Leben zu schenken, ihm aber den Schimpf einer öffentlichen Auspeitschung angedeihen zu lassen. Seine gesamten Besitztümer mußte er an die Verwandten seines Opfers ausliefern. So wurde der Urteilsspruch an ihm vollstreckt.

In unserem Nomadenleben gab es einige wenige ungeschriebene Gesetze, durch die unser Volk regiert wurde. Wir hatten einen Rat, eine polizeiliche Macht und einen Strafbeamten. Letzterer war nicht immer der Häuptling, sondern ein Stammesmitglied, das zu diesem Zweck für eine bestimmte Anzahl von Tagen erwählt war. Außerdem gehörten die weisen, alten Männer dauernd dem Rat an und übten in den seltenen Fällen, in denen Verbrechen vorkamen, Gerechtigkeit.

Diese einfache Regierung wurde durch Verteilung kleiner, etwa fünf Zoll langer Stäbchen unterstützt, von denen etwa hundert oder mehr in Gebrauch waren; sie wurden alle paar Tage durch den Polizeihäuptling oder die Soldaten, die die Aufsicht darüber führten, verteilt. Wer solch ein Stäbchen erhielt, mußte es in etwa fünf oder zehn Tagen mit einer bestimmten Menge Eßvorrat wieder abliefern. Jeden, der diese Pflicht versäumte, zog die Polizei unerbittlich zur Rechenschaft; folgte der Betreffende solcher Vorladung nicht, so zerstörte man sein Zelt und beschlagnahmte seine Waffen. Waren alle Stäbe wieder abgeliefert, so wurden sie von neuem an andere Männer verteilt; auf diese Weise wurde das Ratszelt unterhalten.

Es war Brauch und eine notwendige Eigenschaft eines Indianerpolizisten, im Besitz von kriegerischen Ehren und Auszeichnungen zu sein; nur ein angesehener Krieger durfte die Strafe der Zeltzerstörung ausüben. Die Beamten mußten auch die Jagd beaufsichtigen, damit nicht einige Familien wohlversorgt mit Nahrung wären, andere hingegen Mangel litten. Keiner durfte selbständig jagen; Späher überwachten das Wild auf das sorgfältigste und verkündeten dem Rat die Annäherung einer Herde. Dann wurde Tag und Stunde der Jagd festgesetzt und öffentlich kundgegeben.

Ich entsinne mich deutlich, als eines Tages der Herold die

Annäherung einer Büffelherde ankündigte. Man glaubte an eine erfolgreiche Jagd, wenn es den kleinen Buben gelang, dem alten Mann auf seiner Runde durchs Lager ein Bein zu stellen und ihn zu Fall zu bringen, und je häufiger dies gelang, um so größer war das Jagdglück! Das Büffelsignal war ein bestimmter Pfiff, und sobald der Herold erschien, pfiffen alle Knaben und folgten dem armen Alten in Scharen; wie mühte er sich, ihnen zu entkommen, aber ach! wie selten gelang es ihm, waren doch die kleinen Quälgeister meist schnellfüßiger als er!

Es gab zweierlei Kundschafter: für den Krieg und für die Jagd. In gewissem Sinne war ja jeder Indianer Kundschafter, aber es waren doch einige Auserwählte, denen für bestimmte Zeit dies Amt übertragen war. Wohl konnte ein Mann jeden Tag neben der regelmäßig stattfindenden allgemeinen Jagd für sich allein dem Wilde nachgehen; er war aber jederzeit für die vielleicht daraus entstehende Gefahr haftbar. Konnte er, ohne die Herde zu stören, einen einsamen Büffel oder ein sonstiges Wild erlegen, so durfte er das ebensogut, wie er für gewöhnlich dem Kleinwild nachzustellen pflegte.

In einem so beweglichen Dorfe konnten sich unter so primitiver Regierung leicht Unannehmlichkeiten und Not einstellen, da sich eine so große Menschenmenge nur von der täglichen Jagd ernährte. Man richtete es, um die Ernährungsfrage zu erleichtern, daher stets so ein, daß man den Stamm teilte und in kleineren Zügen wandern ließ. Dennoch veranlaßte der weise Rat der Dakota gelegentlich große Ansammlungen von zwei- bis zu fünftausend Seelen, die für einige Monate zusammen lagerten und umherzogen. Daß eine solche Menschenmenge nicht leicht mit der notwendigen Nahrung versorgt werden kann, liegt auf der Hand, aber wie respektierten unsere Feinde solche Massen!

Natürlich tat der Große Rat sein möglichstes, das Volk so lange als tunlich zusammenzuhalten, und die Lagerpolizei wachte eifrig darüber, daß sich keine Familie etwa vorzeitig aus dem Lager fortstehle.

Zu anderen Zeiten waren einzelne Clans oder Familien berechtigt, sich von der großen Masse abzusondern, um für sich allein ein besseres Fortkommen zu suchen. Hauptsächlich vermieden die Indianer wegen der Verpflegungsschwierigkeiten den ständigen Wohnsitz in Städten und den Zusammenschluß zu einer großen Nation.

Ein trauriger Unglücksfall, der sich freilich schon vor mehreren Generationen ereignet hatte, wurde immer wieder unter uns besprochen. Ein gewisser sehr unbotmäßiger und selbständiger Clan hatte den Befehlen des Großen Rats wiederholt den Gehorsam verweigert. Die Polizei war angewiesen, die Anführer streng zu bestrafen; das ließen sich deren Anhänger jedoch nicht gefallen, sondern leisteten tatkräftigen Widerstand. So mußte die Polizei ihre Autorität geltend machen, und das Ergebnis war die völlige Vernichtung der ganzen Bande.

Eines Tages, als wir am Ufer des oberen Missouri hinaufzogen, bemerkten wir an der Spitze unseres Zuges eine große Störung. Die Verwirrung war so groß, daß wir dachten, ein feindlicher Stamm, etwa die Krähenindianer, hätte einen Angriff auf uns gemacht. Die Gefahr nicht achtend, stürmten Frauen und Kinder vorwärts, um bei den Männern zu sein, das heißt bei denen, die sich gerade nicht auf der Jagd befanden. Die meisten Krieger waren, wie gewöhnlich, fort, nur die alten Männer und größeren Knaben zogen mit den Frauen, den Kindern und dem Gepäck.

Als wir uns der Spitze des Zuges näherten, hörten wir Schüsse und lautes Geschrei. Unser Zug war sehr weit zerstreut, und deshalb kamen wir erst vorn an, als alles vorbei

Manitoschas Jagd

war. Ein mächtiger Grislybär war kühn genug gewesen, sich einigen hundert Indianern ganz allein gegenüberzustellen! Die Ratsmänner, die dem großen Zug gewöhnlich etwas vorangingen, waren die ersten, die dem Bären begegneten, der sofort kühn zum Angriff vorging. Unter diesen Ratsmännern, deren jugendlicher Kriegsmut und Tatendrang sich längst in ruhige Überlegung, die sie zum Besten ihres Volkes nützten, verwandelt hatte, waren zwei alte, hervorragende Kriegshäuptlinge. Sie trugen beide noch ihre, in bemaltes Hirschleder gehüllten Kriegslanzen. Als sich ihnen der Bär so kühn näherte, warfen die beiden Alten sofort ihre Decken ab – ein Zeichen, daß in ihrer Brust noch Kampfesmut lebendig war. Beide sprangen, den Speer in der Hand, vorwärts, um den Kampf mit dem wütenden Tier aufzunehmen; sie wählten ihre Stellung etwa zehn Fuß voneinander entfernt.

Der Bär setzte sich auf die Hinterbeine, brüllte und brummte wütend und kam dann mit weitgeöffnetem Rachen auf sie los. Er beobachtete den linkerhand stehenden Mann, der ihm mit aufgehobenem Speer entgegentrat, scharf; mit einem Schlag seiner mächtigen Tatze war die Waffe zu Boden geschlagen – aber im selben Augenblick fuhr ihm die Lanze des andern mit kräftigem Stoß in die Seite.

Das Tier ließ ein fast menschenähnliches Seufzen hören und packte den Speer so heftig, daß sein Eigentümer zu Boden gerissen wurde. Während der Bär sich die Lanze aus dem Körper zog, hatte der erste Angreifer die seine wiedererlangt und stach nach ihm von der anderen Seite. Wütend wandte sich das Tier, schlug den alten Mann nieder und versuchte von neuem, die Waffe aus seinem Körper zu reißen.

Inzwischen waren alle Männer und Hunde zur Stelle, Pfeile und Kugeln sausten von allen Seiten in das dicke Fell des Bären. Dennoch hätte er sicherlich beide Angreifer getötet, wären ihm nicht die eifrigen Hunde fortgesetzt quälend auf den Fersen gewesen. Ein tödlicher Gewehrschuß streckte ihn endlich nieder.

Die beiden Alten waren schlimm zugerichtet und schwer verwundet, erholten sich aber beide wieder und trugen von jenem Tage an die hochtrabenden Namen »Bärenbezwinger und Grislysieger«.

DER LACHENDE PHILOSOPH

Nichts kann mich mehr ärgern als die Behauptung, die Eingeborenen unseres Landes hätten keinen Sinn für Humor und keine Fähigkeit, sich der Freude hinzugeben. Der indianische Charakter wird von denen, die das Glück oder Unglück haben, tagaus, tagein mit ihnen zu leben, am besten verstanden. Ich glaube nicht, daß ich ein wirklich herzliches Lachen je woanders als gerade am indianischen Lagerfeuer vernommen habe, wo ich zum Beispiel einen ganzen Abend so mit Lachen verbracht habe, daß ich überhaupt nicht weiterlachen konnte. Es gibt Abende, an denen der Geschichtenerzähler des Dorfes seine Hörer in unausgesetzter Heiterkeit erhält; freilich drückt sich der indianische Humor ebensosehr in Gesten und Modulationen der Stimme wie in Worten aus und ist daher oft unübersetzbar.

Mato-si, der Gelbe Bär, war ein von Natur humorvoll veranlagter Redner, im übrigen aber ein sehr schüchterner und befangener Mann. Er sprach für gewöhnlich wenig; war er aber in Stimmung, so konnte er eine große Gesellschaft zum Lachen bringen, besonders, wenn sein Schwager Tamdoka, der Hirschbock, dazu kam.

Wir Indianer neckten uns ganz besonders gern mit unseren Schwägern und Schwägerinnen. Niemand dachte daran, sich je zu beklagen oder einen Scherz, so persönlich er auch gemeint war, übelzunehmen; das wäre gegen die gute Sitte gewesen.

»Tamdoka, ich hörte, du hättest einen Rehbock erlegen wollen und hättest ihn dabei am Schwanz festgehalten«, sagte Mato-si lachend. »Ich glaube, solch eine Heldentat ist nicht mehr zeitgemäß. So etwas gibt's nicht mehr, seit uns die Langmesser[40] die Geheimnisvollen Eisen und die gestoßene Kohle, die Kugeln fliegen läßt, brachten. Seitdem unsere Vorfahren mit Steinmessern und Äxten jagten, hat man so etwas nicht mehr gehört.«

Tatsache war, daß Tamdoka an dem Tage auf der Jagd einen kapitalen Bock überrascht und betäubt hatte. Als er ihn ausweiden wollte, sprang das Tier auf und raste davon. Der Indianer wollte seine Beute nicht fahrenlassen, folgte dem Bock, packte ihn am Schwanz und wurde von ihm über Wiesen und durch die angrenzenden Wälder mit fortgerissen, bis er den Schwanz allein in der Hand hielt. Mato-si hielt das für einen so guten Spaß, daß er ihn zum besten geben mußte.

Ich saß in der Nähe des Zelteingangs und genoß in vollen Zügen die Geschichte dieses komischen Ereignisses.

»Ja«, erwiderte Tamdoka ruhig, »ich kann euch noch Spaßhafteres erzählen, eine Geschichte von einem Mann, der einen jungen Wapiti ritt und dabei wie ein altes Weib um Hilfe schrie.«

»O, das ist ja nur ein Märchen«, verwahrte sich Mato-si,

war er doch in jungen Jahren der Held dieser Geschichte gewesen.

»Dies aber ist eine frische Heldentat von heute. Tschanckpi-juha meint, er könne nicht einmal sagen, wer von euch beiden am meisten erschrocken sei, der Bock oder du«, fuhr er fort. »Er sagte, des Wildes Augen seien aus den Höhlen getreten, aber Tamdokas Mund habe sich bis an die Ohren erweitert, sein Haar habe im Winde geflattert und die Baumäste gestreift. Dieses Ereignis reiht sich würdig an die Erlebnisse deiner Väter«, schloß er mit befriedigtem Ausdruck.

»Es war ein wunderlicher Unfall«, schaltete Tamdoka ein.

Mato-si füllte die Pfeife und gab sie gutmütig, behaglich lächelnd, an Tamdoka. »Man muß deinen starken und andauernden Griff anerkennen«, meinte er. »So lange wie du, hätte kaum einer ausgehalten, und dann solch eine Trophäe! Der Hirschschwanz wird einen guten Kopfputz abgeben.«

Das Zelt war gedrängt voll von Menschen, hatte man doch in weitem Umkreis von Mato-sis Behausung lautes Gelächter vernommen und glaubte, er habe etwas Vergnügliches zu erzählen. So kam einer nach dem andern herein, um zuzuhören.

»Ich denke, wir kriegen einmal alles im Zusammenhang zu hören«, meinte einer der späteren Ankömmlinge.

Das Zelt war durch die brennenden Kohlen hell erleuchtet; alle Männer saßen mit hochgezogenen Knien und hatten ihre Decken fest um Lenden und Beine zusammengezogen; so konnten sie sich gut in der Stellung, die ihnen eine gewisse Ähnlichkeit mit einem Schaukelstuhl verlieh, halten.

»Wohl außer Tschanckpi-juha hat ihn niemand gesehen«, bemerkte Mato-si.

»Ja, ja! Der muß es uns erzählen!« riefen alle miteinander.

»Ich will euch berichten, was ich sah«, begann der Zeuge. »Der Spur eines Bocks und Rehkalbs folgend, näherte ich mich einer schmalen Lichtung am Bachufer, als ich – bum – den Knall der rätselhaften Eisenwaffe hörte. So blieb ich in hockender Stellung, in der Hoffnung, ein Wild die Lichtung kreuzen zu sehen, worin ich mich auch nicht täuschte, denn unmittelbar nach dem Schuß tauchte ein prächtiger Bock mit Tamdoka auf den Fersen auf. Letzterer hielt das Tier mit beiden Händen am Schwanz. Sein Messer hatte er im Munde; es entfiel ihm aber bald. ›Tamdoka‹, rief ich, ›hast du nicht das verkehrte Tier erwischt?‹, aber schnell waren Bock und Mann im Walde verschwunden.

Nach einem Augenblick kamen beide wieder zum Vorschein, und da mußte ich denn doch anfangen zu lachen; aufhören konnte ich nicht wieder, und so mußte ich mich beinahe totlachen. Das Tier sprang in solchen Sätzen, wie ich kaum je etwas gesehen habe, Tamdoka machte enorme Schritte und glich einem Schnelläufer. Sein Haar schlug im Vorbeisausen an die Bäume, und der Schweiß rann ihm vom Gesicht. Ich stand vorgebeugt, denn ich konnte mein Rückgrat nicht wieder gerade machen, und war im Begriff umzufallen, als sie meinen Blicken wieder entschwanden.

Als sie zum dritten Male zum Vorschein kamen, schien es, als ob Wälder und Wiesen sich bewegten; Tamdoka hüpfte wie ein Grashüpfer, der springen lernen will, über die Lichtung. Ich aber fiel um.

Als ich wieder zu mir kam, stand Tamdoka vor mir und benetzte mir Gesicht und Kopf mit Wasser. Ich sah ihn an, fiel wieder um und erwachte erst um Mittag.«

Die Gesellschaft hatte während dieser Erzählung unaufhörlich gelacht, und Tamdoka selbst stimmte herzlich mit in das Vergnügen ein.

»Ho! ho! ho! Ja! ja! ja!« so riefen sie, »er hat sich einen berühmten Namen gemacht. Wie oft wird man diese Geschichte noch erzählen!«

»Sie erinnert mich an Tschadosihs Bärengeschichte«, sagte einer.

»Die war spannender, denn sie war wirklich gefährlich«, schaltete ein anderer ein.

»Du solltest sie uns erzählen, Bobduh«, meinte ein Dritter.

Der also Angeredete erwiderte nicht gleich, denn er war zu sehr mit der Pfeife beschäftigt. Endlich gab er sie schweigend an Mato-si, der sie zuerst herumgereicht hatte, zurück, zog seine Decke bedächtig um den Körper und begann:

»Ho! Ja! Ich war bei ihm. Er rettete nur mit knapper Not das Leben. Ich will's euch erzählen.

Ich jagte mit den beiden, Nagidah und Tschadosih. Wir kamen an einige wilde Kirschbäume. Ich aß von den Früchten, aber da – plötzlich – sah ich einen großen Grisly auf uns zukommen.

›Achtung! Ein Grislybär!‹ schrie ich, und raste mit meinem Pony auf die Prärie hinaus. Die andern beiden waren aber bereits abgesessen.

Nagidah hatte gerade noch Zeit, auf sein Pony zu springen und auszuweichen; der Bär packte nur seine Decke und riß sie ihm herunter. Tschadosih aber stand auf dem Rand einer steilen Uferbank, unter der ein reißender tiefer Strom brauste. Der Bär stürzte sich mit solcher Wucht auf ihn, daß er einen Schritt zurücktaumelte und beide in den Fluß stürzten. Es war ein Fall von etwa doppelter Manneshöhe.«

»Kamen sie außer Sicht?« fragte einer.

»Ja, beide fielen kopfüber hinab, und in der Aufregung klammerte sich Tschadosih im Wasser an dem Bären fest; ich habe nie wieder einen Bären gesehen, der so energisch versuchte, von einem Menschen loszukommen, wie dieser damals.«

»Ha, ha, ha! Ha, ha, ha!« lachten alle.

»Als sie wieder an die Oberfläche kamen, bemühten sich beide, das Ufer zu erreichen; sie ließen einander los und schwammen, so schnell sie konnten, ein jeder auf das dem andern entgegengesetzte Ufer. Tschadosih aber konnte nicht landen, hängte sich an eine vorstehende Baumwurzel und beobachtete den Bären, der sich anstrengte, das gleiche zu tun. Da hingen sie nun beide am Uferrand und blickten sich mit Verachtung und Mißtrauen an.«

»Ha, ha, ha! Ha, ha, ha!« lachten alle wiederum.

»Endlich schwamm der Bär um die Ecke an ein niedrigeres Ufer, und wir zogen Tschadosih mit Hilfe unserer Lassos zu uns herauf. Da er fortwährend laut gejammert hatte, glaubten wir, daß er schwer verletzt sei, aber als wir nach seinen Wunden sahen, fanden wir nur ein paar kleine Schrammen.«

Wieder erscholl von den Zuhörern lauter Beifall.

»Das Wunderbarste an meiner ganzen Geschichte ist«, fiel Tamdoka dazwischen ein, »daß ich die ganze Sache nachts vorher im Traum durchlebte.«

»Einige Träume erfüllen sich, und ich für meinen Teil glaube an Träume«, bemerkte ein anderer.

»Ja, sicher, wir glauben alle daran; ihr wißt doch, daß Hetscha, der Geier, beinahe sein Leben mit seinem Glauben an Träume einbüßte«, ergänzte Mato-si.

»Ihr habt alle schon von Hetscha, dem bedeutenden Medizinmann, der so Großes und Gutes vollbracht hat, gehört. Er träumte vier Nächte hintereinander, daß er von einem Felsen über den Minnesota hinüberflöge. Die Sache machte einen tiefen Eindruck auf ihn, war er sich doch über alle Einzelheiten bis in kleinste klar.

Nach dem vierten Traum bat er seine Frau, mit ihm zum Schwimmen an den Fluß hinabzugehen; das war aber nur ein Vorwand, denn er wollte den Schauplatz seines Traumes sehen.

Er fand richtig den Ort, und alles erschien ihm außerordentlich bekannt. Auf dem Gipfel des Felsens wuchs ein verkrüppeltes Bäumchen, und das Wasser war sehr tief.«

»Flog er denn wirklich?« rief ich ungeduldig vom Eingang, wo ich zugehört und mitgelacht hatte, herüber.

»Ach, das will ich ja gerade jetzt erzählen. Er schwamm mit seiner Frau, einer vorzüglichen Schwimmerin, umher, aber mit einem Male war er verschwunden. Plötzlich stand er an eben demselben Baum, den er im Traum gesehen hatte, und schaute über das Wasser. Der Baum war sehr elastisch, und Hetscha fühlte, daß er sicher fliegen könne. So stieß er sich nach einer kleinen Weile kräftig vom Felsen ab und ruderte mit beiden Armen in der Luft. Aber ach! plumps! lag er gleich darauf unten im Wasser wie eine Krähe, die durch den Flügel geschossen ist.«

»Ha, ha, ha! Ha, ha, ha!« Ein unbändiges Lachen der ganzen Gesellschaft folgte dieser Erzählung.

»Sein Weib schrie laut auf, als Hetscha abwärts wirbelte und verschwand, einem Reiher gleich, der nach Fischen taucht; dann aber fürchtete sie, daß ihr Mann sich verletzt habe, schwamm zu ihm hin, zog ihn aufs Ufer und überschüttete ihn, der zuerst nicht sprechen konnte, mit einer wahren Flut von Vorwürfen.

›Was wolltest du denn, du alter Narr? Wolltest du dich umbringen?‹ rief sie wieder und wieder.

›Weib, schweig!‹ donnerte er sie an; dann schwieg auch er. Er erzählte seinen Traum, in welchem er fliegen konnte, erst viele Jahre später, als er ein sehr alter Mann geworden und dem Tode nahe war.«

Unbändiges Gelächter erfüllte den kleinen Raum und schallte weit hinaus durch die dunkle Nacht.

DIE ERSTEN KULTUREINDRÜCKE

Ich war kaum alt genug, um irgend etwas Bestimmtes über die Mila-hanska, die Langmesser, wie wir die weißen Amerikaner nannten, zu wissen und zu verstehen, als der entsetzliche Minnesotaaufstand ausbrach, der unsere Familie zerstreute und uns in die Verbannung trieb. Wie ich in der Familie meines Onkels, des jüngeren Bruders meines Vaters, aufgenommen wurde, und wie man letzteren verraten und gefangengenommen hatte, habe ich bereits erzählt. Wie alle glaubten, daß er das Schicksal der in Mankato in Minnesota hingerichteten Indianer geteilt hätte.

Die indianischen Weisen sahen die Rache auf dem Schlachtfeld als hohe Tugend an, und den Tod eines Verwandten oder lieben Freundes zu rächen galt als große Heldentat. Mein Onkel hatte demgemäß keine Mühe gescheut, Rachegedanken gegen die Weißen in mir zu nähren, und es mir zur heiligen Pflicht gemacht, den Tod meines Vaters und meiner älteren Brüder zu ahnden. Wie brannte ich vor Begier, wie sehnte ich den Tag herbei, an dem ich seine Lehren zur Tat werden lassen konnte! Unterdes betrieb er selbst unaufhörlich das Kriegshandwerk und kehrte jeden Sommer mit Skalps heim. Meine Gefühle gegenüber den Langmessern kann man sich hiernach ungefähr vorstellen.

Ich hatte von diesem Volk aber auch wunderbare Dinge gehört. Verachteten wir es zwar einerseits, so schien es uns doch andererseits auch geheimnisvoll, eine Rasse, deren Macht ans Übernatürliche grenzte. Man erzählte, daß die Weißen ein Feuerschiff gemacht hätten, und konnte nicht begreifen, wie ihnen die Vereinigung zweier sich widerstrebender Elemente gelungen sei.

Ich dachte, das Wasser würde das Feuer auslöschen, und das Feuer würde, wenn es ein wenig Macht hätte, das Schiff verzehren. Es schien mir eine ganz widersinnige Sache; als ich aber hörte, daß die Langmesser ein Feuerschiff, das über die Berge läuft (Lokomotive), gebaut hätten, da wurde es mir zuviel. So etwas konnte ich nicht mehr glauben.

»Wer das Ungeheuer in Bewegung gesehen hatte, erzählte, daß es von Berg zu Berg geflogen sei. Sie glaubten, es säße ein Donnervogel drin, hörten sie doch, wenn die Kreatur vorwärtsraste, öfters seinen Kriegsruf«, so erklärte mein Lehrer.

Mehrere Krieger hatten nämlich aus der Entfernung die ersten Züge der Nord-Pazifikbahn beobachtet und hatten dadurch von den Wundern der Weißen einen übertriebenen Eindruck gewonnen. Sie hatten einen Zug über eine Brücke, die eine tiefe Schlucht überspannte, kommen sehen, und es schien ihnen, als spränge er von einem Ufer zum andern. Ich muß bekennen, daß diese Geschichte auf meine Kampfeslust und Tapferkeit sehr niederdrückend wirkte.

Zwei oder drei junge Leute sprachen ebenfalls über diese furchtbare Erfindung.

»Wie dem auch sei«, sagte der eine, »ich verstehe, daß dieses Feuerschiff, das über die Berge läuft, nur auf dem eigens dafür hergerichteten Pfad vorwärts kommen kann.«

Obwohl sich ein Knabe in die Unterhaltung Erwachsener nie einmischen darf, wagte ich in diesem kritischen Falle denn doch die Frage: »Dann kann es uns also nicht in ein unwegsames Land verfolgen?«

»Nein, das kann es nicht«, war die Erwiderung, die ich mit großer Erleichterung vernahm.

Gewehre und verschiedene andere Gegenstände, die uns die französischen Kanadier gebracht hatten, hatte ich bereits gesehen, besaß also schon eine geringe Kenntnis von den übernatürlichen Gaben der Weißen; was ich aber an jenem Morgen vernahm, überstieg alle meine bisherigen Begriffe und Kenntnisse von diesem wunderbaren Volk. Man erzählte, sie hätten den Missouri und Mississippi überbrückt, und bauten von Stein und Ziegeln, die sie aufeinander schichteten, mächtige Häuser, die Bergeshöhe erreichten. Wie schwer lasteten alle diese Berichte auf meinem Gemüt! Endlich faßte ich mir ein Herz und fragte meinen Onkel, warum das Große Geheimnis den Uatschitschun und nicht uns Dakota solche Macht gäbe.

»Warum verlieh es Duta, Rot, die Geschicklichkeit, schöne Pfeile und Bogen zu fertigen, und ließ Uatschi-sni, Tanzt-nicht, leer ausgehen an Gaben und Handfertigkeiten? Das Große Geheimnis weiß, warum es so und nicht anders handeln muß«, antwortete er.

»Warum vermehren sich die Langmesser so viel mehr als die Dakota?« fuhr ich fort.

»Man sagt, und ich glaube, daß es wahr ist, daß sie größere Familien als wir haben. Einmal besuchte ich das Haus eines Iaschitscha[41], eines Deutschen, und zählte nicht weniger als neun Kinder, von denen das älteste höchstens fünfzehn Jahre als sein konnte. Als mein Großvater zuerst unten an der Mississippimündung die Weißen aufsuchte, gab es dort verhältnismäßig nur wenige; späterhin besuchte mein Vater ihren Großen Vater, den Präsidenten, in Washington, und da hatten sie sich bereits über das ganze Land verbreitet.

Diese Weißen müssen ein herzloses Volk sein, haben sie doch einen Teil ihrer Mitmenschen zu Dienern gemacht, ja selbst zu Sklaven. Wir konnten früher nicht glauben, daß es wirklich Sklavenhalter gäbe, diese Langmesser scheinen aber doch solche zu sein. Sie haben, wie ich glaube, ihre Dienstboten vor langer Zeit einmal schwarz angemalt, um sie gut unterscheiden zu können, und nun haben ihnen diese Sklaven immer Kinder in derselben Farbe geboren.

Der größte Wunsch ihres Lebens ist wohl, reich zu werden und großen Besitz zu erwerben. Sie hätten am liebsten die ganze Welt zu eigen! Vor etwa dreißig Jahren machten sie den Versuch, uns unser Land abzukaufen. Nun ist es ihnen durch den Aufstand ganz zugefallen, und wir sind aus allen unseren schönen Besitztümern vertrieben.

Es sind merkwürdige Leute. Den Tag haben sie so in Stunden zerlegt, wie man sonst die Monate des Jahres einteilt; sie messen tatsächlich alles und jedes aus. Nicht einer von ihnen würde soviel wie eine Rübe seines Landes hergeben, ohne dafür den vollen Wert zu fordern. Ich kann es wohl verstehen, daß die reichen Leute Feste veranstalten und viele Menschen zu sich laden; ist aber das Fest zu Ende, so müssen die Gäste für das, was sie gegessen und getrunken haben, ehe sie das Haus verlassen, bezahlen. Ich selbst sah am Weißen Fels, in St. Paul in Minnesota einen Mann, der mit einer messingnen Trommel und Glocke Leute an seinen Tisch lud; hatte er sie glücklich eingefangen, so mußten sie für das, was sie verzehrten, bezahlen.

Man erzählte mir auch«, sagte mein Onkel, »aber ich kann

es kaum glauben, daß ihr größter Häuptling, der Präsident, jedermann zwingt, ihm für das von ihm bewohnte Land, für alle seine persönlichen Güter, ja selbst für seinen eigenen Lebensunterhalt jedes Jahr Geld zu geben. (Dies waren seine Ansichten über Steuern.) Unter solchen Gesetzen könnten wir Indianer nicht leben.

Beim Ausbruch des großen Aufstandes glaubten wir, unsere Zeit sei gekommen, wußten wir doch, daß die Langmesser Streit unter sich wegen ihrer Sklaven hatten.[42] Man sagt, ihr großer Häuptling habe in einem Landesteil die Erlaubnis gegeben, Sklaven zu halten, sie in einem anderen hingegen verweigert. So war einer auf den andern eifersüchtig, und der Krieg brach aus. Die volle Wahrheit und Bedeutung dieser Berichte kannten wir allerdings damals nicht.

Eine Weile vor Ausbruch der Unruhen in Minnesota erschienen einige Gebetsmänner bei uns. Sie feierten jeden siebenten Tag als heiligen Tag, an dem sie in einem eigens zu diesem Zweck erbauten Hause zusammenkamen, sangen, beteten und von ihrem Großen Geheimnis redeten. Ich war nie in einer solchen Versammlung, erfuhr aber, daß sie ein besonderes, großes Buch hatten, aus dem sie lasen. Jedenfalls waren diese Leute sehr verschieden von allen anderen weißen Männern, die wir bis dahin kennengelernt hatten, denn diese hielten keinen Tag heilig, wir sahen sie niemals beten, und sie erzählten uns nichts von ihrem Großen Geheimnis.

Im Krieg haben sie Anführer und Häuptlinge von verschiedenem Rang. Die gemeinen Soldaten werden dem Feinde wie eine Herde Antilopen entgegengetrieben. Wegen dieser Kampfesweise des Zwanges und Mangels an persönlicher Tapferkeit zählen wir keine Coups bei ihnen. Ein einzelner Krieger von uns kann einem ihrer großen

Heere in einem unzugänglichen Lande viel Schaden zufügen.«

Diese Unterredung mit meinem Onkel gab mir die erste klare Vorstellung von einem weißen Mann.

Als ich beinahe fünfzehn Jahre alt war, schenkte mir mein Onkel ein Steinschloßgewehr. Der Besitz dieses Geheimnisvollen Eisens und des explodierenden Staubes oder der zerstoßenen Kohle, wie man das Pulver nannte, erfüllten mich mit neuen Gedanken, und alle von frühester Jugend an gehörten Kriegslieder kamen mir wieder in den Sinn. Mir schien mein ganzes Wesen verwandelt – aus dem Knaben war ein Mann geworden.

»Nun bin ich endlich alt genug, um in den Krieg zu ziehen! Wie will ich meinen Onkel bitten, mich das nächste Mal mitzunehmen!« sprach ich zu mir selbst. »Bald wird's mir glücken an die Weißen zu kommen und das Blut meines Vaters und meiner Brüder zu rächen.«

Seit einiger Zeit flehte ich den Segen des Großen Geheimnisses auf mein Tun und Vorhaben herab. Kaum verging ein Tag, an dem ich ihm nicht ein Stück meiner Jagdbeute zum Opfer darbrachte, damit es mir nicht zürnen möge, und die Meinen sahen tagsüber wenig von mir, suchte und fand ich doch nur in der Einsamkeit die Kraft und Stärke, die mir not tat. Ich irrte in der Wildnis umher und beschloß, meiner Stellung als Mann würdig zu sein; mein knabenhaftes Wesen verschwand und machte einer gewissen Würde und festen Haltung Platz.

Der Gedanke an Liebe hinderte meinen Ehrgeiz keineswegs; ich träumte kühnlich, daß ich Ehre und Ansehen gewinnen und die Adlerfedern erringen werde; dann wollte ich vor ein schönes Mädchen hintreten und um sie werben.

Eines Tages, während ich auf der täglichen Jagd von Hause abwesend war, besuchten zwei Fremde aus den Vereinigten Staaten unser Lager. Sie hatten sich kühn über die kanadische Grenze gewagt und trugen, obwohl Indianer, die Kleidung der Weißen. Es war recht gut, daß ich mit meinem Gewehr abwesend war.

Mein Vater, begleitet von einem indianischen Führer, hatte uns endlich nach jahrelangem Suchen wiedergefunden. –

Er war mit den Indianern, die seinerzeit am Aufstand oder den folgenden Schlachten teilgenommen hatten, gefangengenommen und nach Davenport in Iowa gebracht worden. Im Gefängnis wurde er von den ersten Missionaren Dr. Williamson und Riggs unterrichtet und bekehrt. Er war zum Tode verurteilt worden, da aber gegen ihn nichts Besonderes vorlag, wurde er mit anderen Indianern endlich vom Präsidenten Lincoln begnadigt.

Als er entlassen war und auf die neu eingerichteten Indianerreservationen am Missouri zurückkehrte, sah er bald ein, daß das Leben auf einer Regierungsreservation dem geistigen und körperlichen Untergang gleich käme. So entschieden er und einige andere Indianer sich dafür, es mit der Lebensweise der Weißen zu versuchen und ihren Lebensunterhalt selbst zu verdienen. Sie verließen die Reservation gegen den Rat des Regierungskommissars, verzichteten auf jegliche Unterstützung seitens der Regierung und erwarben nach dem Allgemeinen Aufteilungsgesetz[43] der Vereinigten Staaten am Großen Siouxfluß[44] Land. Nachdem mein Vater sich dort angesiedelt hatte, wollte er sein verlorenes Kind suchen, obwohl es damals eine gefährliche Sache war, die kanadische Grenze zu überschreiten. Aber seine Christenpflicht gebot ihm, so zu handeln; er sicherte sich einen guten Führer und fand endlich nach langer Zeit seinen Weg durch die Wildnis.

Was mich anlangt, so erwartete ich bei meiner Heimkehr

nichts Außergewöhnliches. Ich hatte, als ich mich, mit dem erlegten Wild über der Schulter, unserem Lager näherte, nicht die leiseste Vorahnung, daß ich aus meinem wilden Leben so plötzlich herausgerissen und in eine völlig unbekannte Welt versetzt werden sollte.

Als ich in Sicht kam, wurde mein Vater, der geduldig meines Onkels Erzählungen über mein Leben und meine Erziehung angehört hatte, sehr unruhig und aufgeregt. Er sehnte sich danach, das Kind zu umarmen, das, wie er gerade gehört hatte, vor Sehnsucht glühte, den Tod seines Vaters zu rächen. Der liebende Vater konnte nicht des Knaben Ankunft im Zelt erwarten, er sprang auf und eilte ihm entgegen. Mein Onkel schloß sich ihm, um seiner Sicherheit willen, auf diesem Gange an.

Mein Gesicht glühte vor Erregung, die durch den mir ungewohnten Anblick eines Mannes in der Tracht der Langmesser verursacht wurde.

»Was bedeutet das, Onkel?« rief ich.

»Das ist dein Vater, mein Junge, den wir als Toten betrauerten; er kommt zu dir.«

Mein Vater fügte hinzu: »Wie froh bin ich, daß mein Sohn stark und tapfer ist. Deine Brüder haben die Lebensweise der Weißen angenommen, nun komme ich zu dir! Ich möchte auch dich diese Art lehren und hoffe, daß du ein guter Mann wirst.«

Er hatte mir Kleidungsstücke der Weißen mitgebracht; wie ungern nahm ich die! Waren sie doch von einem Volk, das ich so bitterlich haßte, angefertigt. Der Gedanke jedoch, daß sie meinen Vater und meine Brüder nicht getötet hatten, versöhnte mich einigermaßen, und so legte ich die Kleider an.

Wenige Tage später reisten wir in die Vereinigten Staaten ab. Ich kam mir vor wie ein Toter, der in ein Geisterland reist; mußten doch alle meine alten Gedanken fortan neuen Vorstellungen weichen! Wie anders würde jetzt mein Leben werden!

Immerhin war ich doch neugierig, etwas von den sonderbaren Erfindungen der Weißen zu sehen und kennenzulernen. Als wir Fort Totten erreicht hatten, schaute ich mit lebhaftem Interesse um mich.

Mein Vater hatte mir mitzuteilen vergessen, daß die Schienen des Feuerschiffs, das über die Berge läuft, bei Jamestown lägen und daß es selbst jeden Augenblick kommen könne. Als ich die Ponys tränkte, klang von jenseits des Hügels ein eigentümlich pfeifender Ton zu mir herüber. Die Tiere warfen die Köpfe zurück, horchten und jagten dann wild schnaufend über die weite Prärie. Mittlerweile hatte auch ich Angst bekommen; ich warf mich auf ein Pony und raste in vollem Galopp davon. Es war ein herrlicher, klarer Tag, und ich konnte mir nicht vorstellen, was solch unirdischen, mächtigen Lärm verursachte, schien es ja doch, als solle die Erde in zwei Hälften bersten!

Gerade hatte ich einen Hügel erreicht, da kam der Zug an. »Oh! Das ist ja das Feuerschiff, das über die Berge läuft! Von dem weiß ich ja schon lange!« sprach ich zu mir selbst und trieb dann ruhig die Ponys wieder zurück.

Mein Vater pflegte allmorgendlich ein Lied zu singen und in der Bibel zu lesen. Schon mehrere Male war ich mit meinem Gewehr in der Morgenfrühe auf und davon gegangen, als er eines Tages auf mich zukam, mich bat, noch ein wenig zu warten und ihm zuzuhören.

Ich horchte sehr erstaunt auf. Das Lied enthielt das Wort Jesus, dessen Bedeutung ich nicht verstand. Mein Vater erzählte mir, daß Jesus Gottes Sohn sei, der auf die Erde gekommen sei, um die Sünder zu retten und selig zu machen; um seinetwillen habe er mich gesucht und zu sich geholt.

Diese Unterredung machte auf mich einen sehr tiefen Eindruck.

Im Spätherbst erreichten wir die Ansiedlung Flandreau in Süddakota, wo mein Vater mit einigen anderen Indianern unter den Weißen wohnte. Damit war mein Leben als Wilder beendet und meine Schulzeit begann.

NACHWORT

Der Traum vom toten Indianer

Wunsch, Indianer zu werden. *Wenn man doch ein Indianer wäre, gleich bereit, und auf dem rennenden Pferde, schief in der Luft, immer wieder kurz erzitterte über dem zitternden Boden, bis man die Sporen ließ, denn es gab keine Sporen, bis man die Zügel wegwarf, denn es gab keine Zügel, und kaum das Land vor sich als glattgemähte Heide sah, schon ohne Pferdehals und Pferdekopf.*

Franz Kafka

»*Der Avocado-Baum:* Die Blätter sind braun, das Laubwerk. Das Schwarze, das Dunkle ist die Frucht; es glänzt. Innen ist es gras-grün. Unten ist es schmal, oben rundet es sich, ist rund. Es ist ölig; es hat Feuchtigkeit; es hat einen Kern.« Als die Welt der Indianer zerstört war, blieb den letzten Überlebenden der ersten Kolonisierung Amerikas nur noch ihre Sprache, mit der sie die Welt ihrer Väter beschreiben konnten. Doch sie schrieben nicht, weil die Überlieferung ihr Anliegen gewesen wäre. Ein weißer Mann hat es ihnen abverlangt: Um die Mitte des 16. Jahrhunderts verfaßten *aztekische* Indianer unter Anleitung eines Franziskaners die *Historia universal de las coses de Nueva España,* in der sie Zeugnis ablegten von dem Vergangenen – mühsam, stokkend, geduldig.

Wenn immer man von »Indianerliteratur« oder vom »Indianerroman« spricht, meint man Schriften von Weißen *über* Indianer. Die Indianer selbst haben »Literatur« nicht gekannt, und die Piktographien auf Bisonroben und Zeltdecken – die Bilderschrift, in der Präriebewohner Visionen und Erlebnisse fixierten – sind den Ethnologen rätselhaft geblieben bis auf den heutigen Tag. Die einzigen wörtlichen Quellen indianischer Darstellung sind die Protokolle von Weißen, in denen mündliche Äußerungen von Indianern festgehalten wurden, so wie die Dolmetscher bei Verhandlungen mit zivilen und militärischen Vertretern der Kolonialmächte sie in die weiße Sprache übersetzten. Daneben existieren spärliche Äußerungen assimilierter Indianer, die in der Tradition der willigen Missionszöglinge nach ihrer verschütteten Herkunft forschten. Von den Weißen um Auskunft gebeten und angesichts der Endgültigkeit ihres Untergangs, übernahmen einzelne Indianer die Rolle der »beklagenswerten Letzten«, die man ihnen vorschlug, und zeichneten die Memoiren an ihre Tage in der »Wildnis« auf, freilich in der Sprache der Sieger. *Standing Bear* (zum Zeichen der Kapitulation gab er sich den Vornamen Luther) berichtete über sein einstiges Volk[1] und die letzten Kämpfe der Geistertanz-Zeit; *White Horse Eagle* über sein langes Leben, das er als *Osage* (*Dakota*-Stamm) begonnen hatte; *Büffelkind Langspeer,* ein *Schwarzfuß*-Indianer, überschrieb seine Autobiographie: »Selbstdarstellung des letzten Indianers« und *Ohijesa* gab der Beschreibung seiner Jugendzeit den Titel »Indien Boyhood«[2]. Das Buch ist seinem Sohn gewidmet, Ohijesa II., gewissermaßen *Ohijesa* »junior«, dem jungen amerikanischen Arztsohn indianischer Abstammung, dem es nicht leicht begreiflich zu machen war, warum der Vater von Zeit zu Zeit den schwarzen Gehrock auszog, um in den Wäldern seiner Kindheit zu verschwinden. Ihm und den »weißen Knaben, die einmal bedeutende Juristen oder gar Präsident der Vereinigten Staaten« werden möchten, erzählte Charles Alexander Eastman vom Leben der letzten freien Prärieindianer, wie er es als Kind einer *Santee-Sioux*-

Sippe in Nord-*Dakota* und *Minnesota*, auf der Flucht vor den Soldaten des Indianer-Jägers Sibley und dann als Junge bei Fort Garry *(Winnipeg)* in der kanadischen »Verbannung« erlebt und so, wie er es als weißer Indianer mit dem Doktortitel der Universität Boston zu betrachten gelernt hatte: als ein barbarisches Leben, das den Vergleich mit der »Zivilisation« und den Normen der Weißen nur durch zweierlei bestehen konnte – die Übertragung der weißen Maßstäbe auf die Indianerkultur und die Schuldgefühle der Usurpatoren.

Als *Ohijesa* alias Eastman seine »Jugenderinnerungen« festhielt, war er 43 Jahre alt. Wenige Jahre vorher waren in Colorado die letzten der einst 50 bis 60 Millionen Bisons in freier Wildbahn erschossen worden, die im 18. und 19. Jahrhundert die ausschließliche Existenzgrundlage der Prärieindianer gebildet hatten. Fast vierzig Jahre vorher waren die letzten Überlebenden des *Minnesota*-Aufstands enteignet und des Landes verwiesen worden; von den 1300 *Santees*, die man 1863 in das Reservat von *Crow Creek* (Bundesstaat Süd-*Dakota*) pferchte, überlebten weniger als tausend den ersten Winter. *Minnesota,* die Heimat der Waldland-*Sioux*, war von da an »indianerfrei«.

In Flandreau am *Big Sioux River,* dicht an der Grenze zu *Minnesota*, hatte sich *Ohijesas* verschollener Vater nach seiner Begnadigung niedergelassen (wie wir es am Ende des Buches erfahren), um den Rest seiner Tage bibellesend als Weißer zu verbringen. Der vierzehn Jahre nach der Veröffentlichung der Jugenderinnerungen geschriebenen Fortsetzung von *Ohijesas* Autobiographie *(»From the deep woods to civilization«*[3]) läßt sich der unvermeidliche Fortgang der Anpassung entnehmen, die sich in der Färbung des Berichts über die ersten fünfzehn Jahre bereits ankündigt – die Weißen konnten mit dem zivilisierten Wilden zufrieden sein; noch 50 Jahre danach äußert das Literaturlexikon[4] im fernen Deutschland mit Genugtuung: »Dieser Lebensbericht verdient Beachtung, weil in ihm – im Gegensatz zu den meisten Autobiographien nordamerikanischer Indianer – nicht die unwiederbringliche Vergangenheit verherrlicht wird. Zur Würdigung dieses Indianers sei noch gesagt, daß er seine Aufgabe sowohl als Arzt wie als Beamter in Washington voll erfüllen konnte und daß er sich als Verfasser von flüssig ... geschriebenen autobiographischen und sittenschildernden Werken über das Indianerleben einen Namen gemacht hat.«

Charles A. Eastman wurde 1858 oder 1859 als *Santee* geboren; sein Stamm wird dem *Sioux*-Volk zugerechnet, genauer: den *Sioux*-Stämmen der mittleren Prärieregion. Sich selbst nannten die *Sioux »Da-coh-tah«* – »Freunde«, »Verbündete«; den bekannteren Namen verdankten sie ihren Feinden, den *Chippewa* aus den Wäldern *Wisconsins*, die sie, seit die Franzosen ihnen Feuerwaffen gegeben hatten, in jahrzehntelangen Kämpfen in die großen Grasebenen bis westlich des *Missouri* vertrieben. Hier im Westen lernten die *Sioux* Pferde kennen (etwa in der ersten Hälfte des 18. Jahrhunderts), und auf Pferde waren sie in der Grassteppe, wo bei der Jagd große Strecken zurückgelegt werden mußten, auch angewiesen. Bis etwa um 1800 entwickelten sich die Prärie-*Sioux* zum größten und mächtigsten Reitervolk der nördlichen Prärie. »Aus den ehemaligen Kanufahrern, die in heilloser Flucht geflohen waren«, kommentiert Washington Irving diese Entwicklung, »waren furchtlose, stolze und kampfbesessene Reiter geworden, die großartigste leichte Kavallerie der Welt.« *Ohijesas* Clan, der zu den östlichen Wald-*Sioux* zählte, lebte vor der Mitte des 19. Jahrhunderts in der Gegend, in der die Flüsse *Minnesota, Croix und Chippewa* in den *Mississippi* münden (ab und zu werden in *Ohijesas* Erzählungen geographische und historische Hinweise gegeben: die Ahornzucker-Ernte beispielsweise findet in einem Wald am *Minnesota*-Ufer statt, *Rauchiger Tag* erwähnt die Stadt St. Paul bei Minneapolis, *Ohijesas* Sippe flieht nach dem *Sioux*-Aufstand unter *Little Crow* im August 1862 vor den Truppen Colonel Sibleys, erst nach Westen bis über den *Missouri*, dann nach Norden über die kanadische Grenze). Schon in dem Jahrzehnt vor Ausbruch des Sezessionskrieges drangen etwa 150 000 weiße Siedler in das *Santee*-Land ein. Eine Farm nach der anderen wurde errichtet, eine Siedlung nach der anderen; damit sickerten die Weißen in das Indianer-Territorium westlich der als »ewig« garantierten »Indianergrenze« ein, die, nachdem man sie in den dreißiger Jahren bereits einmal nach Westen verschoben hatte, zur Zeit, als *Ohijesa* zur Welt kam, ziemlich genau durch das Gebiet lief, das die *Santee* bewohnten: Fort Snelling an der *Minnesota*-Mündung war einer jener Militärposten, deren Soldaten verhindern sollten, daß Indianer nach Osten oder Weiße nach Westen die Grenze überquerten. Doch die weißen Kolonisten waren nicht aufzuhalten. Die letzten Reste der östlichen Indianer-Stämme wurden in Lager getrieben und dann auf langen Trecks (»Weg der Tränen« nannten die *Cherokee* diesen Marsch) in den Westen, in die Gebiete der noch freien Prärieindianer, abgeschoben.

Im Jahre 1858, dem Jahr, als *Ohijesa* vermutlich zur Welt kam, wurde *Minnesota*, dessen Grenzen rund hundertfünfzig Kilometer über den 95. Meridian, die »ewige Indianergrenze«, reichten, zum Bundesstaat deklariert. Vor dem Ansturm der Weißen hatten sich die in den Wäldern *Minnesotas* lebenden *Santee* von Jahr zu Jahr weiter nach Westen zurückgezogen. *Little Crow*, der Häuptling der *Mdewkanton-Santee*, war nach einer Reise in die Städte des Ostens überzeugt, daß man den weißen Heuschrecken, die in das Land einfielen und es auffraßen, keinen Widerstand leisten konnte. Nachdem jedoch in dem schmalen Landstreifen am *Minnesota River*, auf dem man die Waldland-*Sioux* zusammengedrängt hatte, sich bald kein jagdbares Wild mehr zeigte und ihnen der größte Teil der Renten, die sie für den Verzicht auf ihr Land erhalten hatten, von Agenten und Händlern wieder abgenommen worden war, drangen die Indianer in ihre alten Jagdgründe vor. Und als im Juli 1862 auch noch die Renten aus Washington ausblieben, erhoben sich die *Santee*-Stämme, um die Weißen wieder aus dem *Minnesota*-Tal zu vertreiben. Dieser Aufstand kostete mehr als tausend Siedlern und Soldaten das Leben, doch für die Ureinwohner endete er furchtbar: Von den Indianern, die sich Sibley ergaben, wurden 303 zum Tode verurteilt, nach Lincolns Intervention 39 hingerichtet; die nicht geflohen waren, wurden verjagt. Für einen *Sioux*-Skalp bezahlte der Staat *Minnesota* fünfundzwanzig Dollar. *Little Crow*, der bei den Kanadiern vergeblich um Unterstützung gebeten hatte und nach *Minnesota* zurückkehrte, wurde erlegt wie ein Kaninchen. Sein Skalp und sein Schädel wurden präpariert und in St. Paul öffentlich ausgestellt. Gouverneur Ramsey gab die Losung aus: »Die *Sioux*-Indianer müssen ausgerottet oder aus *Minnesota* vertrieben werden.« Im Sommer 1863 verließen die letzten Überlebenden das Land.

Wenn dieser düstere Hintergrund der ersten Lebensjahre *Ohijesas* in seinen Erinnerungen fehlt und nur an wenigen brüchigen Stellen in das Bild der guten alten Indianer-Zeit eindringt, so rührt das zum einen davon her, daß es dem erwachsenen Mann nicht leichtgefallen sein kann, sich an seine früheste Kindheit genauer zu erinnern, zum andern aber – und das zeigt sich in der Schilderung seiner späteren Jahre klarer – liegt es an der besonderen Perspektive des Memoirenverfassers, der seine Herkunft als exotische Attraktion verwerten will; der Autor »ist ein Vollblut-Sioux«, schrieb die Übersetzerin auf Karl-May-Deutsch in ihrem Vorwort zur ersten deutschen Ausgabe. Nachdem *Ohijesas* Vater seinen jüngsten Sohn wiedergefunden und zu sich in die alte Heimat geholt hatte, die nun den Weißen gehörte (»Ich kam mir vor wie ein Toter, der in ein Geisterland reist«, beschreibt *Ohijesa* die Betäubung des aus seiner Indianerjugend gerissenen Fünfzehnjährigen in knappen Worten), wurde er zunächst in die Missionsschule in *Santee* gesteckt und anschließend in ein College in *Wisconsin.* Ein Stipendium ermöglichte ihm das Studium der Medizin am Dartmouth College bei Boston, das ursprünglich für Indianer gegründet worden war, wohin sich indessen ein Jahrhundert lang keine indianischen Studenten verirrt hatten. *Ohijesa* war der erste und bei seinem Eintritt auch der einzige. Bald ist er der Football-Champ seiner Klasse. Lehrer und Mitschüler überbieten sich gegenseitig in Sympathie, Andacht und Toleranz; im Osten bekam man ja auch nicht mehr viele Indianer zu Gesicht: Die Autochthonen waren hier schon vor hundert Jahren ausgerottet worden. »Der Held der Mädchen unserer Bostoner Gesellschaft ist jetzt ein *Sioux*-Krieger«, schrieb ein Lokalblatt in den Gesellschaftsnachrichten. 1890 bestand er an der Universität von Boston sein medizinisches Doktorexamen mit Auszeichnung. Eine wohl um diese Zeit entstandene Photographie (Frontispiz) zeigt ihn als gelehrigen »Freitag« im Atelier: in den Händen als Statusrequisit ein aufgeschlagenes Buch, leicht verkrampft auf der Kante eines viktorianisch verschnörkelten Sessels sitzend, Vatermörder mit weißem Binder, steife Hemdbrust, schwarze Weste, schwerer dunkler Frack; die Lippen können ein Photographierlächeln andeuten, der Blick aus dem dunklen Gesicht wirkt zuversichtlich. Enthielte das Buch seine Jugenderinnerungen, so könnte er einen Satz wie den folgenden daraus vorlesen: »So war das wilde Leben der Indianer.«

Doch *Ohijesa* erinnert sich nicht nur für die Weißen, auch wenn er es in ihrer Sprache tut und sich um ihre Gedanken bemüht. Hinter seinem Buch ist noch etwas anderes, ganz in der Ferne und ganz undeutlich: das für immer verlorene Paradies seiner Kindheit und seines Volkes, das, wenn er davon sprechen will (und sein Buch ist ein »gesprochenes Buch«) zwar seltsame Ähnlichkeiten mit der Amerika-Utopie der Eroberer mit dem Unschuldsblick aufzuweisen scheint, das jedoch im Grunde nichts mit der Natursehnsucht zu tun hat, mit der die Erben Rousseaus in die Neue Welt gekommen waren. Am Ende einer langen Tradition weißer Indianerliteratur meldet sich ein leibhaftiger Indianer zu Wort, der berichten will, wie es »wirklich« war. Ohne sich selbst Rechenschaft über die Unmöglichkeit dieses Unterfangens ablegen zu können, macht er dennoch an manchen Stellen seines Berichts deutlich, warum der Versuch des Indianers, sich mit dem – ambivalenten – Indianer-Bild der Weißen zu identifizieren, scheitern mußte: Ein Diktum wie »damals waren die Indianer noch völlig ehrlich, selbst im Spiel« richtet sich gegen das Bild der »falschen Rothaut«; »es tut mir leid, aber ich muß doch bekennen, daß wir sehr grausam gegen Vögel waren« bestätigt schamhaft die Vorstellung vom grausamen Skalpjäger. Auf der anderen Seite waren sie dann auch wieder die »freien, natürlichen Wesen« und entsprachen durchaus der Figur des »guten Wilden« (Rousseau) und »beßren Menschen« (Seume), den die Romantiker, Weltverbesserer und weißen Poeten besungen hatten. »Einem Europäer würde er . . . wie eine Bronzefigur erschienen sein« – das hatte bei Cooper noch geheißen: »Die freimütige Alice bewunderte den offenen Blick und die stolze Haltung des jungen Mohikaners, der ihr wie eine zum Leben erweckte griechische Statue erschien«, doch im Lauf des 19. Jahrhunderts setzte sich das Bronzedenkmal durch, von dem bald nur noch die verchromte Autokühlerfigur und der stolze Krieger auf der Fünf-Cent-Münze übrigbleiben sollten.

Nachdem man im Laufe der Eroberung Amerikas davon abgekommen war, die Autochthonen als Urwaldtiere einzustufen (noch im 16. Jahrhundert vertraten Missionare und andere Christen die Ansicht: da die Indianer in der Bibel nirgendwo vorkämen, seien sie keine Menschen), begannen Ende des 18. Jahrhunderts die Leser Rousseaus für die anspruchslosen und glücklichen Naturmenschen auf »seligen Inseln« oder in den »Wäldern Virginiens« zu schwärmen. »Der einsame Wilde fühlt schweigend, aber tief«, war Irving überzeugt. Doch diese Bewunderung vermochte den Untergang der Naturvölker Amerikas nicht aufzuhalten; fast könnte man sagen: indem sich das Unbehagen angesichts der Konsequenzen des Fortschritts einer imaginären präzivilisatorischen »Kindheit des Menschengeschlechts« zuwandte, trug es – melancholisch und unbeteiligt – zur Vertreibung bei. »Und sollte vielleicht noch eine dunkle Erinnerung an sie fortleben, so ist es höchstens in den romantischen Träumen des Dichters, der mit ihnen in seiner Phantasie Lichtungen und Höhlen, wie mit den Faunen, Satyrn und Waldgottheiten des Altertums, bevölkert«, schrieb Irving, einer der ersten amerikanischen Fürsprecher der Indianer, im Jahre 1819 [5]. Bis in unsere Zeit hat man nicht aufgehört, die Eigenschaften der einstigen Herren Amerikas zu bewundern, die schon Benjamin Franklin an ihnen gerühmt hatte: »Da sie wenig künstliche Bedürfnisse haben, bleibt ihnen viel Zeit übrig, die Seele durch das Gespräch zu bilden. Unsere arbeitsame Lebensweise erscheint ihnen knechtisch und niedrig.« Doch in den Indianer-Romanen ist meist nur noch ein letzter Vertreter seines Stammes zur Bewunderung – und am Ende zum Abschuß – freigegeben.

Wildtöter, der zum Indianertum bekehrte Weiße, folgt seinen roten Brüdern in die Prärie, um bei ihnen zu sterben. Kain folgt seinem Bruder Abel.

Die Figur des guten Indianers ist Teil der amerikanischen Legende, die von den Idealen der Aufklärung gebildet wurde. Im schlechten Indianer, dem roten Waldteufel, steckt freilich der altböse Feind, den die Aufklärung nicht hatte abschaffen können. Für ihn war in Amerika kein Platz mehr.

Während sich in unserem Jahrhundert die Nachfahren der Indianertöter im Wildwest-Film wieder und wieder bestätigen mußten, daß die toten Indianer auch wirklich tot waren, lebt der Indianer, der sich kurz vor seinem Untergang noch einige Jahrzehnte gegen seine Ausrottung zur Wehr gesetzt hat – der Prärie-Indianer – immer noch in unseren Köpfen: als Bisonjäger hoch zu Roß, mit Adlerfedern im Haar und weichen ledernen Kleidern, frei und besitzlos, tapfer und stoisch, grausam und edel, stolz und dem Untergang geweiht. Wie ein rotbemalter Zentaur prescht er über das unendliche Grasland und verschwindet am westlichen Horizont.

D.L.

»Auf meinem Wege halt ich für einen Augenblick an.
Hier für dich! und hier für Amerika!
Noch preise ich hoch die Gegenwart; noch verkünde ich, froh und erhaben, die Zukunft der Staaten,
Und aus der Vergangenheit verkünde ich, was die Luft noch von den roten Eingeborenen hält.
Die roten Eingeborenen;
Naturlaute hinterließen sie, Töne von Regen und Winden, Rufe von Vögeln und Tieren in den Wäldern, für uns in Namen syllabiert:

Okoni, Kousa, Ottawa, Monongahila, Sauk, Natchez,
Ischakachoutschi, Kaqueta, Oronoco,
Wabasch, Miami, Saginaw, Chippewa, Oschkosch,
Walla-Walla;

Solche hinterließen sie den Staaten und schmolzen dahin und schwanden, nachdem sie Wasser und Land mit Namen beladen.«

Walt Whitman

1 My people the Sioux. Boston, New York 1928.
2 New York 1902. Deutsche Übersetzung: Hamburg 1912 (vorliegende Ausgabe).
3 Boston 1916.
4 Kindler Literatur Lexikon. Bd. 3, S. 327. München, Zürich 1967.
5 Washington Irving, Indianische Charakterzüge. In: Das Skizzenbuch, München 1968.

Anmerkungen und Erklärungen zur deutschen Ausgabe von Frederick Weygold

1 »Mythischer Bär« ist ein Bär mit übernatürlichen Eigenschaften, wie sie in den Sagen der Dakota oft geschildert werden. Die dem europäischen Ohr oft so wunderlich klingenden indianischen Eigennamen haben oft Bezug auf mythische und religiöse Vorstellungen. Zuweilen gehen sie auch auf zufällige, uns oft gewöhnlich erscheinende Erlebnisse zurück; sie waren nur selten in einer Familie erblich.

2 Die Bezeichnung »Sioux« (sprich: Szuh) wendet man gewöhnlich auf die Dakota an. Diese waren ein zahlreiches, in viele Stämme gegliedertes Volk wandernder Krieger und Jäger, das früher die großen Waldgebiete des heutigen Minnesota und einen großen Teil der Prärien des heutigen Dakota und Montana bewohnte. Untergruppierungen der Dakota-Stämme sind u.a.: die Clans vom Heiligen See, die Laubhüttenbewohner, die Tetons und viele andere. Das Wort Sioux ist eine Verstümmelung der französischen Form des Ojibwaywortes »Nadowessiw«, franz. Nadoussioux. Es bedeutet »Feinde« oder »Schlangen«.

3 Hakada. Bei den Dakota hatten die Kinder, solange sie klein waren, feststehende Namen. Der älteste Knabe hieß z.B. stets: Tschaske, das älteste Mädchen: Winona (sprich: Uinona), der dritte Knabe hieß Hakada oder Hake.

4 Die Medizinmänner oder Schamanen waren nicht nur Heilkundige, sondern auch Magier, die Voraussagen machen, bestimmten Riten präsidieren und Verbindung zu transzendentalen Mächten aufnehmen mußten, welche sie durch Gebete, Beschwörungen und Opfer günstig zu beeinflussen suchten.

4a Der Mokassin ist der pantoffelartige, aus Wildleder verfertigte Schuh der Indianer, welcher bei den verschiedenen Stämmen verschiedene, oft stark voneinander abweichende Formen annimmt. Bei fast allen Stämmen werden die Mokassins mit Stickereien aus farbigen Stachelschweinborsten (Quill) oder Perlen reich verziert.

5 Die Chippewas (sprich: Tschippewas) oder Ojibway, die Erbfeinde der Dakota, gehören zur großen Völkerfamilie der

Algonkins und bewohnten die weiten Waldgebiete um den Oberen See. Sie wohnten in dem rundgewölbten, mit Rinde oder Matten gedeckten Wigwam oder Wigi-wam, während das konische, mit Leder oder Leinwand gedeckte Zelt der Dakota Tipi heißt.

6 Das Wort Travoi stammt aus dem französisch-kanadischen Trapperjargon und ist vermutlich von travail abzuleiten. Das hiermit bezeichnete Gerät, eine hauptsächlich zur Gepäckbeförderung dienende, von Pferden oder Hunden gezogene Schleife, kommt bei fast allen, das Pferd benutzenden Stämmen in leicht voneinander abweichenden Formen vor.

7 Im Jahre 1862 kommt es zum ersten großen Sioux-Aufstand bei New-Ulm, im heutigen Staate Minnesota, bei dem mehr als 1000 weiße Eindringlinge den Tod finden. Die Erhebung wird von der amerikanischen Armee niedergeschlagen und viele der Nord-Dakota, unter ihnen auch der junge Eastman, fliehen über die Grenze nach Kanada. Die Reste dieser Stämme hausten nach 1890 (Massaker am Wounded Knee) unter elenden Bedingungen in mehreren Reservationen im Staate Süd-Dakota, resigniert und »zivilisiert«.

8 Uatschitschun, d.h. Geister, nennen die Dakota alle Weißen, da sie dieselben bei den ersten Begegnungen für übernatürliche Wesen hielten. Die Bezeichnung »Bleichgesicht« für die Weißen ist anscheinend keinem Indianerstamm im Gebiete der Vereinigten Staaten bekannt.

9 Präriefeuer. Gegen die großen Prärie- und Waldfeuer war der wirkungsvollste Schutz ein sog. Gegenfeuer, d.h. man verbrannte die trockene Gras- und Waldfläche um den Wohnort oder Lagerplatz, so daß das große, meist vom Winde mit rasender Eile vorwärts getriebene Feuer an diesen Orten keine Nahrung mehr fand.

10 Das Tipi oder Zelt der Dakota war bei den Wald-Dakota zuweilen mit Rinde gedeckt. Bei den Präriestämmen wurde eine Zeltdecke aus Leder (später aus Leinwand) über ein Gerüst von langen, geraden Stangen gespannt. Solche Tipis sind zu unterscheiden von den rundgewölbten, mit Matten gedeckten Wigwams der Algonkinstämme.

11 »Das Große Geheimnis« ist die richtige Übersetzung des »Wakan tanka« der Dakota, eines Begriffes, der in der volkstümlichen

Literatur über die Indianer ungenau mit »Der Große Geist« wiedergegeben wird. Die Indianer verstanden hierunter eine geheimnisvolle Macht mit großem Einfluß auf Natur und Menschen, über deren Bedeutung jedoch die Meinungen der Ethnologen auseinandergehen. Die Auffassung von dieser Macht als einem *persönlichen* Wesen ist möglicherweise auf den Einfluß der Weißen zurückzuführen.

12 Der Brauch des Fastens und Betens in der Einsamkeit spielte in der alten Religion dieser Indianer eine große Rolle. Solche Übungen mußte jeder Jüngling, meist unter der Leitung eines Medizinmannes, durchmachen, ehe er seinen ersten Kriegszug als Mann mitmachen durfte. Das Fasten und Beten wurde so lange – oft mehrere Tage hindurch – fortgesetzt, bis sich infolge der Schwächung des Körpers und der Überreizung der Nerven Visionen einstellten. Das Wesen, welches dem Jüngling in einer solchen Vision (meist in der Gestalt eines Tieres, z.B. eines Adlers, eines Bären oder dergleichen) erschien, betrachtete er für den Rest seines Lebens als seinen »Waschitschun«, d.h. als seinen persönlichen Schutzgeist, und trug von da an womöglich etwas vom Leibe eines solchen Tieres, z.B. eine Adlerfeder oder Bärenklaue als Amulett bei sich, oder aber er stellte die Vision auf seinem Schilde oder seinem Tipi bildlich dar. Solchen bildlichen Darstellungen wurde ebenfalls magische Schutzkraft gegen Krankheit und Tod zugeschrieben.

13 Die Lagerpolizei war bereits in der alten Zeit eine feststehende Einrichtung, besonders bei den Präriestämmen. Sie führte die Beschlüsse des Großen Rats aus, welcher von den ältesten und angesehensten Kriegern gebildet wurde, und achtete außerdem besonders auf strenge Durchführung der Gesetze und Vorschriften für die Büffeljagd. Solche Vorschriften und ihre genaue Einhaltung waren durchaus notwendig, da das vorzeitige Verscheuchen einer Büffelherde durch einzelne Jäger die ganze Dorfgemeinschaft in große Nahrungsnot bringen konnte.

14 Die erste Missionsarbeit unter den östlichen Dakota wurde in den dreißiger Jahren des 19. Jahrhunderts begonnen. Die Missionare, unter ihnen besonders der bedeutende S.R. Riggs, erhoben den östlichen, den sog. Santee-Dialekt der Dakotasprache durch ihre Bibelübersetzung und andere Schriften zur Schriftsprache. Um

1900 wurden mindestens zwei Zeitungen, viele Schulbücher, Traktate und dergleichen in dieser Sprache gedruckt.

15 Santee- und Sisseton-Sioux sind östliche Stämme des Dakotavolkes.

16 Das kanadische Ball- oder Lakrossespiel, wie auch das Hokkeyspiel sind in Kanada und in den Vereinigten Staaten von den Weißen übernommen worden.

17 An den Gebrauch der Pfeife knüpften sich bei fast allen nordamerikanischen Indianern auch religiöse Vorstellungen. Das Rauchen war nicht nur ein Reiz- und Genußmittel, sondern hatte auch den Charakter eines religiösen Brauches. Selbst vor dem gewöhnlichen Rauchen wurde das Mundstück der Pfeife oft erst den hauptsächlichen Naturgottheiten, den vier Winden oder Himmelsrichtungen, der Mutter Erde und der Sonne oder dem Großen Geheimnis angeboten. Diese Handlung hatte den Charakter eines Rauchopfers oder Gebets.

18 An dieser Schilderung einer sehr unvollkommenen, kindlichen Nachahmung erkennt der Kundige leicht die wichtigste religiöse Zeremonie der Waldstämme (insbesondere der Ojibways) in der Region der Großen Seen: den sogenannten Medizintanz. Diese merkwürdige Zeremonie wurde schon in alter Zeit von den östlichen Dakota den Ojibways entlehnt.

19 Oiseda ist die Abkürzung für Maka-oise-topa-win, die Viereckenfrau. Die Dakota dachten sich die Erde als viereckige Fläche, an deren vier Ecken sich die geheimnisvollen Quellen oder Ursprünge der vier Winde befanden. Die graphische Darstellung dieser Vorstellung, im wesentlichen ein Viereck, zuweilen mit symbolischer Andeutung der vier Himmelsrichtungen oder Winde, ist heute noch eines der häufigsten Schutzsymbole gegen böse Einflüsse auf den Zelten und in den Stickereien der westlichen Dakota. Die Verwendung dieses Ausdrucks als Eigenname hatte wohl den Zweck, das Kind gegen böse Einflüsse, Krankheit und Tod zu schützen.

20 Der große Donnervogel Uakinjan-Tanka, der Große Flieger. Die Dakota glaubten, Donner und Blitz werde durch große Vögel verursacht. Der Donner war das Rauschen ihrer Flügel, der Blitz das Leuchten ihrer Augen. Vgl. die Zeichung auf der Rückseite dieses

Buches, die einer alten indianischen Schildbemalung nachgebildet ist.

21 Gemeint ist hier offenbar nicht der amerikanische Gold- oder Steinadler, sondern der weißköpfige Adler (aquila albicilla oder leukokephala), welcher dem grauen Seeadler verwandt ist. Der weißköpfige Adler gewinnt in manchen Gegenden einen großen Teil seines Lebensunterhalts dadurch, daß er dem viel kleineren Fischadler seine Beute abjagt.

22 Die Indianer haben eine auffallende Vorliebe für scheckige Pferde. Die kleinen, aber sehr leistungsfähigen Pferde der Indianer, die sogenannten Broncoes, stammen von den auf der Prärie verwilderten Nachkommen der nordafrikanischen bzw. spanischen Pferderasse, die von den Spaniern im sechzehnten Jahrhundert nach Mexiko gebracht wurden.

23 Die Gros-Ventres (auch Hidatsa genannt) und Mandanen sind zwei kleine Stämme, welche um die Jahrhundertwende auf den Reservationen von Fort Berthold und Belknap im Staate Norddakota wohnen. Diese Stämme bewohnten bereits vor Ankunft der Weißen aus festen Erdhütten bestehende und mit Palisadenzäunen umgebene Dörfer und betrieben neben der Jagd auch Ackerbau.

23a Die Schwarzfuß-Indianer oder Sisika sind ein auf die nordwestlichen Prärien versprengter Stamm von Algonkin-Indianern, welche sonst fast alle die große Waldregion der Großen Seen bis zur atlantischen Küste im Osten und bis zum Ohio im Süden bewohnten. Sie hatten das Tipi, nicht den Wigwam, wie alle echten Prärieindianer, hielten zahlreiche Pferde und lebten fast aussschließlich von der Büffeljagd. In der alten Zeit war dieser Stamm sehr kriegerisch und wurde besonders von seinen indianischen Nachbarn, besonders den Crow, den Krähen oder Absaroka, den Schoschonen, den Dakota u.a. sehr gefürchtet.

Um die Jahrhundertwende lebten nur noch Reste dieses durch Kriege, ansteckende Krankheiten und Alkohol sehr geschwächten Stammes, ungefähr zweitausend Seelen an der Zahl, auf einer Reservation im nördlichen Teile des Staates Montana.

24 Der große Sternschnuppenfall (witschanchpi hinchpaja) des Jahre 1833, der hier wahrscheinlich gemeint ist, wird in den bilderschriftlichen Aufzeichnungen auch der westlichen Dakota er-

wähnt. Alte Indianer erzählen heute noch von diesem überaus großartigen und eindrucksvollen Naturereignis.

25 Die Sac- und Foxindianer, zwei ehemals sehr kriegerische, zur Algonkingruppe gehörige, später zu einem Volke vereinigte Stämme, bewohnten um 1900 zwei kleine Reservationen in Oklahoma und in Iowa. Die Gruppe im Staate Iowa, deren kleine Reservation inmitten einer von Weißen dicht bewohnten Ackerbau- und Industriegegend liegt, lebte auch dort weiterhin in den primitiven, mit Schilfmatten gedeckten Wigwams und weigerte sich beharrlich, sich »zivilisieren« zu lassen.

26 Die Dakota glaubten, daß die Geister ihrer gefallenen Helden über die Milchstraße ins Jenseits wanderten.

27 How (sprich: Hau) ist die allgemeine Begrüßungsformel bei den Dakota. Es scheint schon in alter Zeit, vor Ankunft der Angloamerikaner, in Gebrauch gewesen zu sein, stammt daher wohl nicht, wie oft vermutet wird, von der amerikanischen Begrüßungsformel »how do you do«.

28 Die Schwitzzelte waren bei den Prärieindianern sehr beliebt. Man steckte einige halbkreisförmig gebogene Stäbe in die Erde, verband sie oben und an den Seiten mit anderen Stäben und behängte sie dicht mit Matten und Decken. Der Badende begab sich in das Zelt, ein anderer schob ihm mit einem Stabe, in eine Vertiefung in der Mitte des Raumes, mehrere erhitzte Steine nach, die mit Wasser begossen wurden. Dem Schwitzen folgte womöglich ein kaltes Bad in einem Strom oder See. Außer der gesundheitlichen hatten diese Bäder auch eine religiöse Bedeutung.

29 Die Cree (sprich: Krih) sind ein Algonkinstamm in Kanada.

30 Der Coup (sprich: Kuh) – das Wort stammt aus dem Jargon der französisch-kanadischen Waldläufer und Fallensteller und bedeutet »Schlag« – war, wie auch in diesem Buche ausgeführt wird, ein Beweis der Tapferkeit und des Mutes unter dem Feuer der Feinde. Es ist auch dem Verfasser dieser Anmerkungen von alten indianischen Kriegern öfter versichert worden, daß ein solcher Coup – entgegen den landläufigen Ansichten der Weißen – von den Indianern immer viel höher bewertet wurde als etwa das Abschlachten oder Skalpieren möglichst vieler Feinde.

Diese Feststellung ist nicht unwichtig zur richtigen Bewertung der sittlichen Anschauungen dieser Völker, welche von den Weißen vielfach unterschätzt und mißverstanden worden sind.

31 Der Bärentanz. Daß die Tiere auch in dem religiösen Leben der Indianer eine große Rolle spielten, erklärt sich daraus, daß diese Völker als Jäger in fast jeder Lebensbeziehung auf die Tierwelt angewiesen waren. Die besondere Beziehung der Bären zu den Medizinmännern erklärt sich wohl aus der besonderen Kenntnis der Heilkunde, welche den Bären allgemein von den Indianern zugeschrieben wurde. Die Behauptung mancher Medizinmänner, vor ihrer Menschwerdung als Bären gelebt zu haben, erinnert an die indischen Lehren von der Seelenwanderung.

32 Ein Pompadour ist ein oben, vorn auf dem Kopf gedrehter Haarwulst, wie er früher von einigen Stämmen getragen wurde.

33 Der Heilige See, auf den Landkarten: Devils Lake, nach der Sage der Dakota der Mittelpunkt der Welt, liegt im heutigen Staate Norddakota.

34 Das alte Stickmaterial der nordamerikanischen Indianer sind die durch Kochen im Saft von Beeren und Wurzeln bunt gefärbten Stacheln des Urson oder Baumstachelschweins. Durch die weißen Händler erhielten die Indianer dann später europäische Perlen zur Ausführung ihrer Stickereien auf Gewändern und Mokassins.

35 Der schwarzschwänzige Hirsch. Gemeint ist der Maultierhirsch, der »mule deer« der weißen Amerikaner. Dieser Hirsch löst vom oberen Missouri westwärts den gemeinen virginischen Hirsch der östlichen und mittleren Staaten ab. Für beide Hirscharten gibt es in Europa keine entsprechende Form. Die dem europäischen Rothirsch einigermaßen entsprechende Form ist der amerikanische Wapiti, der »elk« der weißen Amerikaner. Der letztere wird jedoch bedeutend größer als sein europäischer Vetter. Der größte aller Hirsche, der amerikanische Elch, der »moose deer« (nicht etwa der »elk«) der weißen Amerikaner, unterscheidet sich nur wenig von dem europäischen Elch.

36 Pemikan. Man schnitt Büffelfleisch in dünne Streifen und dörrte es auf Gerüsten an der freien Luft. Dann wurde es mit schweren Steinhämmern zerklopft, mit heißem Fett übergossen, zuweilen mit wilden Beeren oder Kirschen vermischt und in rohledernen Behältern verpackt. Es hielt sich in dieser Form fast unbegrenzt lan-

ge und bildete eine äußerst nahrhafte Speise, die auch bei der weißen Grenzbevölkerung, Jägern und Fallenstellern, beliebt war.

37 Oben an der Rauchöffnung der Tipis läuft die Zeltdecke in zwei Rauchklappen aus, die mittels zweier langer Stangen so gestellt werden, daß der Wind nicht in die Rauchöffnung hineinblasen kann.

38 Vgl. Anmerkung 23a.

39 Die Prärieantilope, der Gabelbock, ist neben der Schneeziege des Felsengebirges das einzige antilopenartige Tier des westlichen Kontinents, unterscheidet sich aber sehr wesentlich von den Antilopen der Alten Welt dadurch, daß sie alle Jahre ihre Hörner abwirft (wie die Hirsche). Das Tier ist ungefähr von der Größe eines deutschen Rehs. Es ist auf den Prärien der Vereinigten Staaten heute beinahe ganz ausgerottet und kommt fast nur noch im Yellowstone-Nationalpark in größeren Rudeln vor.

40 Mila hanska, d.h. Langmesser, Bezeichnung für die weißen Amerikaner. Diese Benennung ist offenbar mit Bezug auf die Säbel und Seitengewehre der weißen Soldaten entstanden. Heute bezeichnen die Dakota alle Menschen der europäischen Rasse allgemein mit Uatschitschun, d.h. Geister. Mit den Geheimnisvollen Eisen sind die Gewehre gemeint.

41 Iaschitscha, die Deutschen, wörtlich: die schlecht oder unvollkommen Redenden. So nannten die Dakota die die englische Sprache meist unvollkommen beherrschenden deutschen Einwanderer.

42 Es ist der Bürgerkrieg 1861-65 gemeint.

43 Nach diesem General Allotment Act (1887) konnten Ansiedlern Grundstücke von je 160 »acres« des unbesiedelten Regierungslandes unentgeltlich überwiesen werden, vorausgesetzt, daß sie sich verpflichteten, es urbar zu machen und zu bewohnen. Die Auswirkungen dieses Gesetzes waren fatal: da die überschüssigen Grundstücke verkauft werden konnten, verloren die Indianer bis 1930 von dem insgesamt zugesprochenen Land noch etwa zwei Drittel. In den 20er Jahren waren sie vom völligen Aussterben bedroht.

44 Der Große Siouxfluß oder Big Sioux River mündet bei Sioux City an der nordwestlichen Grenze des Staates Iowa in den Missouri.

INHALT

Romane, Erzählungen, Prosa

Apuleius. Der goldene Esel
Mit Illustrationen von Max Klinger zu »Amor und Psyche«. Aus dem Lateinischen von August Rode. Mit einem Nachwort von Wilhelm Haupt. it 146.

Honoré de Balzac. Die Frau von dreißig Jahren
Deutsch von W. Blochwitz. it 460
– Beamte, Schulden, Elegantes Leben
Eine Auswahl aus den journalistischen Arbeiten. Mit einem Nachwort herausgegeben von Wolfgang Drost und Karl Riha. Mit zeitgenössischen Karikaturen. it 346
– Das Mädchen mit den Goldaugen
Aus dem Französischen von Ernst Hardt. Vorwort Hugo von Hofmannsthal. Illustrationen Marcus Behmer. it 60

Joseph Bédier. Der Roman von Tristan und Isolde
Deutsch von Rudolf G. Binding. Mit Holzschnitten von 1484. it 387

Harriet Beecher-Stowe. Onkel Toms Hütte
In der Bearbeitung einer alten Übersetzung herausgegeben und mit einem Nachwort versehen von Wieland Herzfelde. Mit 27 Holzschnitten von George Cruikshank aus der englischen Ausgabe von 1852. it 272

Ambrose Bierce. Aus dem Wörterbuch des Teufels
Auswahl, Übersetzung und Nachwort von Dieter E. Zimmer. it 440
– Mein Lieblingsmord
Erzählungen. Aus dem Amerikanischen von G. Günther. it 39

Die Blümlein des heiligen Franziskus von Assisi
Aus dem Italienischen nach der Ausgabe der Tipografia Metastasio, Assisi 1901, von Rduolf G. Binding. Mit Initialen von Carl Weidemeyer. it 48

Giovanni di Boccaccio. Das Dekameron
Hundert Novellen. Ungekürzte Ausgabe. Aus dem Italienischen von Albert Wesselski und mit einer Einleitung versehen von André Jolles. Mit venezianischen Holzschnitten. Zwei Bände. it 7/8

Hermann Bote. Ein kurzweiliges Buch von Till Eulenspiegel aus dem Lande Braunschweig. Wie er sein Leben vollbracht hat. Sechsundneunzig seiner Geschichten.
Herausgegeben, in die Sprache unserer Zeit übertragen und mit Anmerkungen versehen von Siegfried H. Sichtermann. Mit zeitgenössischen Illustrationen. it 336

Romane, Erzählungen, Prosa

Emily Brontë. Die Sturmhöhe
Aus dem Englischen von Grete Rambach. it 141

Gottfried August Bürger. Wunderbare Reisen zu Wasser und zu Lande. Feldzüge und lustige Abenteuer des Freiherrn von Münchhausen. Mit Holzschnitten von Gustave Doré. it 207

Hans Carossa. Eine Kindheit und Verwandlungen einer Jugend
it 295/296

Lewis Carroll. Geschichten mit Knoten
Herausgegeben und übersetzt von W. E. Richartz. Mit Illustrationen von Arthur B. Frost. it 302

Miguel de Cervantes Saavedra. Der scharfsinnige Ritter Don Quixote von der Mancha
Mit einem Essay von Iwan Turgenjew und einem Nachwort von André Jolles. Mit Illustrationen von Gustave Doré. 3 Bände. it 109

Adelbert von Chamisso. Peter Schlemihls wundersame Geschichte
Nachwort von Thomas Mann. Illustriert von Emil Preetorius. it 27

James Fenimore Cooper. Die Lederstrumpferzählungen
In der Bearbeitung der Übersetzung von E. Kolb durch Rudolf Drescher. Mit Illustrationen von D. E. Darley. Vollständige Ausgabe. it 179 Der Wildtöter · it 180 Der letzte Mohikaner · it 181 Der Pfadfinder · it 182 Die Ansiedler · it 183 Die Prärie

Alphonse Daudet. Briefe aus meiner Mühle
Aus dem Französischen von Alice Seiffert. Mit Illustrationen. it 446
– Tartarin von Tarascon. Die wunderbaren Abenteuer des Tartarin von Tarascon.
Mit Zeichnungen von Emil Preetorius. it 84

Honoré Daumier. Robert-Macaire – Der unsterbliche Betrüger
Drei Physiologien. Aus dem Französischen von Mario Spiro. Herausgegeben und mit einem Nachwort versehen von Karl Riha. it 249

Romane, Erzählungen, Prosa

Daniel Defoe. Robinson Crusoe
Mit Illustrationen von Ludwig Richter. it 41

Charles Dickens. Lebensgeschichte und gesammelte Erfahrungen David Copperfields des Jüngeren. Zwei Bände.
Mit Illustrationen von Phiz. Nach der ersten Buchausgabe des Romans London 1850. it 468
– Oliver Twist
Aus dem Englischen von Reinhard Kilbel. Mit einem Nachwort von Rudolf Marx und 24 Illustrationen von George Cruikshank. Vollständige Ausgabe. it 242
– Weihnachtserzählungen
Mit Illustrationen. it 358

Denis Diderot. Die Nonne
Mit einem Nachwort von Robert Mauzi. Der Text dieser Ausgabe beruht auf der ersten deutschen Übersetzung von 1797. it 31

Annette von Droste-Hülshoff. Die Judenbuche. Ein Sittengemälde aus dem gebirgigen Westfalen. Mit Illustrationen von Max Unold. it 399

Alexandre Dumas. Der Graf von Monte Christo
Bearbeitung einer alten Übersetzung von Meinhard Hasenbein. Mit Illustrationen von Pavel Brom und Dagmar Bromova. Zwei Bände. it 266

Joseph Freiherr von Eichendorff. Aus dem Leben eines Taugenichts
Mit Illustrationen von Adolf Schrödter und einem Nachwort von Ansgar Hillach. it 202

Eisherz und Edeljaspis
Aus dem Chinesischen von Franz Kuhn. Mit Holzschnitten einer alten chinesischen Ausgabe. Mit einem Nachwort und Anmerkungen von Franz Kuhn. it 123

Paul Ernst. Der Mann mit dem tötenden Blick und andere frühe Erzählungen.
Herausgegeben von Wolfgang Promies. it 434

Romane, Erzählungen, Prosa

Gustave Flaubert. Bouvard und Pécuchet
Mit einem Vorwort von Victor Brombert und einem Nachwort von Uwe Japp. Mit Illustrationen von András Karakas. it 373
– Die Versuchung des heiligen Antonius
Aus dem Französischen übersetzt von Barbara und Robert Picht. Mit einem Nachwort von Michel Foucault. it 432
– Lehrjahre des Gefühls
Geschichte eines Jungen Mannes, übertragen von Paul Wiegler. Mit einem Essay »zum Verständnis des Werkes« und einer Bibliographie von Erich Köhler. it 276
– Madame Bovary
Revidierte Übersetzung aus dem Französischen von Arthur Schurig it 167
– Salammbô
Herausgegeben und mit einem Nachwort versehen von Monika Bosse und André Stoll. Mit Abbildungen. it 342
– Ein schlichtes Herz. it 110

Theodor Fontane. Effi Briest
Mit Lithographien von Max Liebermann. it 138
– Der Stechlin
Mit einem Nachwort von Walter Müller-Seidel. it 152
– Unwiederbringlich
Roman. it 286

Friedrich Gerstäcker. Die Flußpiraten des Mississippi
Roman. Mit einem Nachwort von Harald Eggebrecht. it 435

Johann Wolfgang Goethe. Wilhelm Meisters Lehrjahre
Herausgegeben von Erich Schmidt. Mit sechs Kupferstichen von F.L. Catel. Sieben Musikbeispiele und Anmerkungen. it 475
– Novellen
Herausgegeben und mit einem Nachwort versehen von Katharina Mommsen. Mit Federzeichnungen von Max Liebermann. it 425
– Reineke Fuchs
Mit Stahlstichen von Wilhelm von Kaulbach. it 125
– Die Wahlverwandtschaften
Mit einem Essay von Walter Benjamin. it 1
– Die Leiden des jungen Werther
Mit einem Essay von Georg Lukács »Die Leiden des jungen Werther«. Nachwort von Jörn Göres »Zweihundert Jahre Werther«. Mit Illustrationen von David Chodowiecki und anderen. it 25

Romane, Erzählungen, Prosa

Gogol. Der Mantel und andere Erzählungen
Aus dem Russischen übersetzt von Ruth Fritze-Hanschmann. Mit einem Nachwort von Eugen und Frank Häusler. Mit Illustrationen von András Karakas. it 241

Iwan Gontscharow. Oblomow it 472

Grimmelshausen. Trutz-Simplex oder Ausführliche und wunderseltzame Lebensbeschreibung der Erzbetrügerin und Landstörtzerin Courasche
Mit einem Nachwort von Wolfgang Koeppen. Mit Abbildungen aus dem 17. Jahrhundert. it 211

Nathaniel Hawthorne. Der scharlachrote Buchstabe
Mit Illustrationen von Renate Sendler-Peters. it 436

Johann Peter Hebel. Kalendergeschichten
Ausgewählt und mit einem Nachwort von Ernst Bloch
Mit neunzehn Holzschnitten von Ludwig Richter. it 17

Heinrich Heine. Aus den Memoiren des Herren von Schnabelewopski
Mit Illustrationen von Julius Pascin. it 189

– Shakespeares Mädchen und Frauen
Mit Illustrationen der Ausgabe von 1838. Herausgegeben von Volkmar Hansen. it 331

Hermann Hesse. Hermann Lauscher
Mit frühen, teils unveröffentlichten Zeichnungen und einem Nachwort von Gunter Böhmer. it 206
–/Walter Schmögner. Die Stadt
Ein Märchen von Hermann Hesse, ins Bild gebracht von Walter Schmögner. it 236
– Knulp
Mit dem unveröffentlichten Fragment »Knulps Ende« und Steinzeichnungen von Karl Walser. it 394

Hölderlin. Hyperion oder Der Eremit in Griechenland
Herausgegeben und mit einem Nachwort versehen von Jochen Schmidt. it 365

Romane, Erzählungen, Prosa

E.T.A. Hoffmann. Die Elixiere des Teufels
Mit Illustrationen von Hugo Steiner-Prag. it 304
– Lebensansichten des Katers Murr
nebst fragmentarischer Biographie des Kapellmeisters Johannes Kreisler in zufälligen Makulaturblättern. Mit Illustrationen von Maximilian Liebenwein. it 168
– Der Unheimliche Gast
und andere phantastische Erzählungen. Herausgegeben von Ralph-Rainer Wuthenow. Mit Illustrationen. it 245
– Das Fräulein Scuderi
Erzählung aus dem Zeitalter Ludwig des Vierzehnten. Mit Illustrationen von Lutz Siebert. it 410

Homer. Ilias
Neue Übertragung von Wolfgang Schadewaldt. it 153

Ricarda Huch. Der Dreißigjährige Krieg
Mit Illustrationen von Jacques Callot. it 22/23

Victor Hugo. Notre-Dame von Paris
Aus dem Französischen von Else von Schorn. Mit zeitgenössischen Illustrationen. it 298

Jens Peter Jacobsen. Niels Lyhne
Mit Illustrationen von Heinrich Vogeler. Nachwort von Fritz Paul. Aus dem Dänischen von Anke Mann. it 44
– Die Pest in Bergamo
und andere Novellen. Aus dem Dänischen von Mathilde Mann. Mit Illustrationen von Heinrich Vogeler. it 265

W. Jan. Dschingis Khan
Mit einem Nachwort und Erläuterungen. it 461
– Batu Khan. it 462
– Zum letzten Meer. it 463

Jean Paul. Der ewige Frühling
Ausgewählt von Carl Seelig. Mit Zeichnungen von Karl Walser und mit einem Vorwort von Hermann Hesse. it 262
– Des Luftschiffers Giannozzo Seebuch und Über die natürliche Magie der Einbildungskraft
Mit Illustrationen von Emil Preetorius und Aufsätzen zu Jean Pauls Werk von Ralph-Rainer Wuthenow. it 144

Romane, Erzählungen, Prosa

Marie Luise Kaschnitz. Eisbären
Erzählungen. it 4

Gottfried Keller. Der grüne Heinrich
Erste Fassung. Mit Zeichnungen Gottfried Kellers und seiner Freunde. Zwei Bände. it 335
– Züricher Novellen
Mit einem Nachwort von Werner Weber. it 201

Kin Ping Meh oder Die abenteuerliche Geschichte von Hsi Men und seinen sechs Frauen
Aus dem Chinesischen übertragen von Franz Kuhn. Mit Illustrationen einer alten Ausgabe. Zwei Bände. it 253

Heinrich von Kleist. Die Erzählungen
Mit einem Nachwort von Rolf Tiedemann. it 247
– Die Marquise von O
Mit Materialien und Bildern aus dem Film von Eric Rohmer und einem Aufsatz von Heinz Politzer. Herausgegeben von Werner Berthel it 299

Choderlos de Laclos. Schlimme Liebschaften
Ein Briefroman mit 14 zeitgenössischen Illustrationen. Übertragen und eingeleitet von Heinrich Mann. it 12

Charles und Mary Lamb. Shakespeare Novellen
Mit 21 Stichen einer Ausgabe von 1837. Auf Grund einer älteren Übersetzung bearbeitet von Elisabeth Schücking. it 268

Friedrich de la Motte-Fouqué. Undine
Herausgegeben von Ralph-Rainer Wuthenow. Mit den Rezensionen von Edgar Allan Poe. it 311

Lesage. Der hinkende Teufel
Mit Illustrationen von Tony Johannot und einem Nachwort von Karl Riha. it 337

Nikolai Leskow. Der Weg aus dem Dunkel
Erzählungen. Mit Illustrationen von Theodor Eberle und einer Einleitung von Rudolf Marx. it 422

Lichtenberg. Aphorismen
Herausgegeben mit einem Nachwort von Kurt Batt. it 165

Insel taschenbücher
Alphabetisches Verzeichnis